イラストで見る

外国語

全単元・全時間の授業のすべて

小学校 **6**年

直山木綿子 編著

東洋館
出版社

はじめに

2020年４月より新学習指導要領が全面実施となりました。今回の改訂では、これまで高学年の外国語活動で小学校の先生方が積み上げてこられた豊富な実践による成果を継承しつつ、小学校の外国語活動と中学校の外国語科の指導のギャップ等の課題を解消するため、中学年では音声を中心とした「聞くこと」「話すこと」の指導を外国語活動として年間35時間、高学年では「聞くこと」「話すこと」に加え、「読むこと」「書くこと」の４技能を外国語科として年間70時間、指導いただくことになりました。

中学年の外国語活動では、移行期間中より文部科学省が配布した「Let's Try!」を主たる教材として扱います。また、高学年の外国語科では、「教科書」を使って、数値による評価も行うことになります。

これまで外国語教育の対象学年が高学年のみであり、外国語担当の教師が限られていたのに対し、新学習指導要領では中学年に外国語活動が導入され、多くの先生方が外国語教育の授業を担当されることになりました。外国語の専門性に対する不安感から外国語活動や外国語科の指導に苦手意識をもつ先生方もいらっしゃることでしょう。

そこで本シリーズではそんな先生方のために、「Let's Try!」や教科書を子供の実態に応じてアレンジしながら活用しておられる先生方にその実践をご執筆いただき、指導上の留意点やアレンジの仕方等について記していただきました。外国語活動・外国語科の１時間ごとの授業の進め方を提案するとともに、コミュニケーションを行う目的や場面、状況などを明確にした質の高い言語活動を紹介していただき、「主体的・対話的で深い学び」の視点からの授業改善にも役立つものとなっています。これらの実践を参考に、子供たちとともに「あなたの学校・学級の外国語の授業」をつくっていただきたいと思います。

本書発行に当たり、ご自身の実践をまとめてくださった執筆者の先生方に感謝するとともに、編集に当たっていただいた東洋館出版社の近藤智昭氏、河合麻衣氏、大岩有理奈氏に心より謝意を申し上げます。

本シリーズが全国の先生方の外国語活動・外国語の授業づくりのお役に立つことを願っています。

令和３年３月吉日

直山　木綿子

本書活用のポイント

本書は、全単元の1時間ごとの授業づくりのポイント、学習活動の進め方と板書のイメージなどがひと目で分かるように構成されています。各項目における活用のポイントは以下のとおりです。

本時の目標・準備する物

テキストや教科書の指導案に示されている目標を参考にしながらも、各執筆者が子供の実態に応じて本単元で身に付けたい力を目標として設定しています。さらに本時で必要な教材・教具、学習カード、掲示物等を記載しています。

本時の言語活動のポイント

毎時間、コミュニケーションを行う目的や場面、状況などを明確にした言語活動を行うことになります。ここでは、本時における中心となる言語活動をどのような意図をもって行うかについて述べています。単元のゴールにつなげるためにも、どのような内容を相手や他者に伝えたらよいか、そのことを伝えるために、単元で慣れ親しんだ、あるいは既習の語句や表現から何を取捨選択したらよいかや、話すことの順を入れ替えるなどの工夫を子供が自分で考え、判断し、表現する場を設定する際のポイントを解説しています。

評価のポイント

本時の授業でどのような子供の姿を見取り、評価していくかについて解説しています。「指導に生かす評価」を行うのか、「記録に残す評価」を行うのかを各領域に焦点を当てて詳述しています。

第4時 ALTに紹介することを考えよう

本時の目標

ALTに伝える内容を整理して、夏休みの思い出について話すことができる。

準備する物

・教師用デジタルブック
・振り返りカード

本時の言語活動のポイント

本時は、ALTに自分の夏休みを紹介するという目的を達成するために、グループ交流を行う。ここでは、シェアリングを通して互いの発表のよさに目を向けさせることで、自分の伝える内容に取り入れたり再考したりと、改めて自分の紹介する内容を整理させることがねらいである。また、Let's Read and Write 1〜4では、文字を用いて音と文字をつなげながら、語順を意識して話す内容を整理できるようにする。

【「話すこと[発表]」の指導に生かす評価】

◎本時では、記録に残す評価は行わないが、目標に向けた指導は行う。
・小グループの交流の様子から、子供がどんなことを話したいと思っているのか、また、そのために必要な表現は使っているかどうか見取り、適宜指導や支援をする。

本時の展開 ▷▷▷

1 Let's Chant、小グループで交流する

Let's Chantの後、ALTに話す内容を互いに伝え合い交流する。その中で、「日本」に注目して紹介した子や、ALTの興味がある話題を選んだ子など、それぞれのよさを共感し合えるようにする。困っている子がいれば、次の活動で取り上げる。

2 発表に向けたシェアリング

それぞれの発表のよさを全体で共有し、レベルアップを図る。前の活動の様子から、困っていることを全体で共有し、解決法を考える。また、自分の思いをよりよく言葉で伝えられるようにするために、友達の使う表現のよさを参考にしながら、学級全体でアイディアを共有する。

Unit4／Summer Vacations in the World.
090

授業の流れ

本時の主な活動について、そのねらいや流れ、指導上の留意点をイラストとともに記しています。その活動のねらいを教師がしっかりと理解することで、言葉かけや板書の仕方、教材の使い方も変わってきます。この一連の活動で、はじめは、単語であったが、最後には文で自分の考えや気持ちを表現し、子供同士でやり取りをするといった目指す姿が見えてきます。

※本書の編集に当たっては、令和2年発行の東京書籍の外国語教科書を中心に授業を構成しています。各Unitの時数を確認し、学習指導要領に即した指導事項や関連する言語活動を確かめてください。

NEW HORIZON Elementary 6 / **Unit 4**

2 発表に向けたシェアリング

活動のポイント：分からないことや疑問点を全体でシェアすることで、全体のレベルアップを図る。

C1：場所についてではなく、浴衣を着たことを最初に言ってもいいですか？
T ：一度言ってみましょう。どんなふうになるかな？
C1：I enjoyed wearing 浴衣．
　　And I went to fireworks festival…

T ：みなさんどう思いますか？
C2：いいと思います。
C3：日本の浴衣をよりアピールできています。
T：Cさん, Nice idea!

よかった！この順番にしよう

3 交流したことを整理する

僕もALTの先生に質問してみよう！

再度、ALTに伝えることを自分で整理する。教師は、前の活動のグループ発表で十分に言えなかった子や困っていた子を中心に、個別に支援する。また、発表をよりよいものにしようと工夫している子に対しても、その様子を見取り、称賛したり必要に応じて支援したりする。

4 Let's Read and Write 1～4から一つ書く

音と文字をつなげながら、語順を意識して話すことを整理させる。4つの文を書くスペースがあるが、学習負担に考慮して一番伝えたい1文に絞って書かせたり、実態によっては4文全て書かせたりする。書かせるときは、PDも参考にさせる。

第4時
091

本時の中心となる活動・板書

　本時の目標を達成するための中心となる活動を取り上げ、指導のポイントや流れをイラストとともに記しています。特に先生の言葉かけを参考にしてください。子供の発言を受け止める、子供のつぶやきを大切にする、温かな言葉かけをすることが、子供のコミュニケーションへの積極性を育みます。
　また、板書例は45分の流れがひと目で分かるように構成されています。子供の吹き出しは、コミュニケーションにおける見方・考え方につながるものと捉えることができます。

特典DVD・巻末付録

　編著者である直山木綿子先生が、新学習指導要領における外国語教育の指導のポイント、評価の考え方、Small Talkの例を紹介しています。巻末には、単元別に行うことができる基本の活動と発展的な活動を紹介しています。

単元計画ページ

　各単元の冒頭には、「単元の目標」「単元の評価規準」「単元計画」を記載したページがあります。下段には、「単元の概要」「本単元で扱う主な語彙・表現」を記載しています。さらに、本単元における「主体的・対話的で深い学びの視点」や「評価のポイント」も詳しく述べられています。

本書活用のポイント
003

イラストで見る全単元・全時間の授業のすべて

外国語 小学校 6 年
もくじ

外国語教育における
授業のポイント

コミュニケーションを行う目的や場面、状況などを明確にした言語活動を！

■ はじめに

　2020年度の小学校学習指導要領全面実施に伴い、全ての学校の中学年で外国語活動の授業が年間35単位時間、また、高学年で外国語科の授業が年間70単位時間展開されています。特に、高学年外国語科については、年間70単位時間の授業を初めて行う学校が多いでしょう。また教科として、初めて教科書を活用して指導を行い、初めて数値等による評価を実施することとなりました。「初めて」づくしの取組に、各学校では、地域や子供の実態に合わせて、誠意をもって取り組んでいただいているところではありますが、指導と評価について悩んでいる先生方も多いことでしょう。

　ここでは、外国語活動及び外国語科の指導において、子供が「主体的・対話的で深い学び」を実現するために大切にしたいこととして、「言語活動」「言語活動を通して」求められる資質・能力を身に付ける具体についての実践を例に挙げながら、確認していきます。

1 言語活動について

⑴ 「言語活動」について確認する

　表1は、新学習指導要領に示されている、小学校外国語活動及び外国語、中・高等学校外国語の目標です。これを見ると、小学校、中・高等学校でも、また、活動、教科でも、「言語活動を通して」子供たちにコミュニケーションを図る（素地／基礎となる）資質・能力を育成することが求められていることが分かります。

小学校		中学校　外国語	高等学校　外国語
外国語活動	外国語		
外国語によるコミュニケーションにおける見方・考え方を働かせ、外国語による聞くこと、話すことの**言語活動を通して**、<u>コミュニケーションを図る素地となる資質・能力を次のとおり育成する</u>ことを目指す。 （※太字・傍線筆者）	外国語によるコミュニケーションにおける見方・考え方を働かせ、外国語による聞くこと、読むこと、話すこと、書くことの**言語活動を通し**て、<u>コミュニケーションを図る基礎となる資質・能力を次のとおり育成する</u>ことを目指す。	外国語によるコミュニケーションにおける見方・考え方を働かせ、外国語による聞くこと、読むこと、話すこと、書くことの**言語活動を通し**て、簡単な情報や考えなどを理解したり表現したり伝え合ったりする<u>コミュニケーションを図る資質・能力を次のとおり育成することを目指す。</u>	外国語によるコミュニケーションにおける見方・考え方を働かせ、外国語による聞くこと、読むこと、話すこと、書くことの**言語活動**及びこれらを結び付けた統合的な**言語活動を通して**、情報や考えなどを的確に理解したり適切に表現したり伝え合ったりする<u>コミュニケーションを図る資質・能力を次のとおり育成することを目指す。</u>

表1　小・中・高等学校における外国語教育の目標

　では、「言語活動」とは何でしょうか。以下は、「小学校外国語活動・外国語　研修ガイドブック」（2017、文部科学省）中の「言語活動」に関する説明になります。

> 　外国語活動や外国語科における言語活動は、記録、要約、説明、論述、話し合いといった言語活動よりは基本的なものである。学習指導要領の外国語活動や外国語科においては、言語活動は、「実際に英語を使用して互いの考えや気持ちを伝え合う」活動を意味する。

このように、外国語活動や外国語科で行われている活動が全て言語活動とは言えず、言語活動は、言語材料について理解したり練習したりすることと区別されています。そして、実際に英語を使って互いの考えや気持ちを伝え合うという言語活動では、情報を整理しながら考えなどを形成するといった「思考力、判断力、表現力等」が活用されるとともに、英語に関する「知識及び技能」が活用されることになります。つまり、子供が自分の考えや気持ちを伝え合う言語活動をしっかりと設定した授業を行う必要があるのです。

　例えば、大分県佐伯市立明治小学校は「言語活動」に取り組む実践を通して、「言語活動」に必要な4つの要素を導き出しています。

①必然性
②ほんもの
③相手意識
④コミュニケーションの意義や楽しさ

　これらは、新「小学校学習指導要領」及びその解説「外国語活動・外国語編」に記されている、言語活動に関わる記載内容と一致しています。

　また、京都府京都市立朱雀第二小学校は、言語活動の1つであるSmall Talkにフォーカスを当て、子供の発話を促す次の7つのポイントを導き出しました。

①言おうとしている子供に言葉を掛けて励ます。
②子供が言ったことを認め、くり返す。
③子供が言ったことに相づちや反応を返し、安心感を与える。
④子供がつまったときに、ヒントを出す。
⑤子供に様々な質問をする。
⑥子供の言った日本語表現を英語表現に替えて言う。
⑦子供の間違いを、さりげなく修正する。

　教師が子供とSmall Talkに毎回の授業で取り組むことで、子供の英語を使ってコミュニケーションを図ろうとする意欲と英語力の向上、教師の授業での英語使用量とその質（語句レベルから文発話等）の向上が成果として見られています。

　このような例を参考にしながら、「言語活動」の適切な理解の下、全ての学校でこのような取組が展開されることが重要になります。

⑵ 「言語活動」の設定に際して留意すべきこと

　言語活動を行うには、コミュニケーションを行う目的や場面、状況などの設定が欠かせず、それを子供と共有することが欠かせません。

　また、コミュニケーションを行う目的や場面、状況などに応じて、どのような内容を相手や他者に伝えたらよいか、そのことを伝えるために、単元で慣れ親しんだ、あるいは既習の語句や表現から何を取捨選択したらよいかや、話すことの順などの工夫を子供が自分で考え、判断し、表現する場を設定することが重要です。さらに、話を聞く際に、その目的や場面、状況などに応じて、どのようなことを聞き取ればよいのか、どのような情報を得たらよいのかを考え判断し、得た情報を基に自身の考えなどを再構築することが求められます。

「小学校学習指導要領」及びその解説「外国語活動・外国語編」を熟読し、このようなことを意識して、言語活動を設定することが大切です。なお、このことは、学習評価における「思考・判断・表現」の観点の趣旨と大きく関わるので、評価について考える際のポイントとも重なることを念頭に置きましょう。

2 「言語活動を通して」求められる資質・能力を育成する

毎回の授業においても、単元終末の言語活動につながるような言語活動を設定し、子供が自分の考えや気持ちを伝え合うようにすることが大切になります。しかしながら、単元終末のみに言語活動を設定し、単元前半の授業では、相変わらず決められた表現を使った単なる反復練習を行うような授業は避けなければなりません。

単元全体の中の一部分だけでなく、毎時間の授業を（適切な理解に基づくポイントを踏まえた）言語活動にあふれた時間とする、すなわち、真に「言語活動を通して求められる資質・能力を育成する」ためにはどうしたらよいのでしょうか。

例えば、We Can！1 Unit 6 "I want to go to Italy." の第1時では、新しい語彙や表現について、まず視覚教材を活用し、表情やジェスチャーも交えて、教師が自分自身の本当の考えや気持ちを語り、その話に子供を巻き込んだやり取りを通して、子供に本単元で扱う新しい言語材料に出合わせます。教師の話す内容の概要を捉えていることを子供の様子から確認した上で、表2に示すようなやり取りを通して、先に出合わせた表現の使い方を実際に使わせながら、理解させていくのです。

T: I want to go to Oita. 　K 5 , where do you want to go? K 5 : 北海道。 T: Oh, you want to go to Hokkaido. 　Good. I want to go to Oita. 　K 6 , where do you want to go? K 6 : 沖縄です。 T: OK, you want to go to Okinawa. 　K 5 wants to go to Hokkaido. 　You want to go to Okinawa. 　And I want to go to Oita. 　（これを、この後数名の子供とくり返す） 　K 8 , where do you want to go? K 8 : I want to … T: Good. You want to go to …? K 8 : I want to go to Kyoto.	T: You want to go to Kyoto. 　Very good. Once more, please. 　Everyone, listen again. K 8 : I want to go to Kyoto. T: Great!（大げさに褒める）Every- 　one, K 8 wants to go to Kyoto. 　K 9 , where do you want to go? K 9 : I want to go to Tokyo. T: Great. 　You want to go to Tokyo? Why? 　Why do you want to go to Tokyo? K 9 : 上野動物園のパンダが見たい。 T: 動物園 in English? Ks: Zoo. T: That's right. Ueno Zoo. 　K 9 さんは、パンダが見たいん 　だって。	英語でどう言えばいいかな。 Ks: 見るだから、see じゃないかな。 T: Good. I want to go to Oita. だか 　ら？ Ks: I want to see…． T: Good. I want to see? Ks: Panda. T: I want to see pandas in? Ks: Ueno Zoo. T: 初めから言ってみようか。 Ks&T: I want to see pandas in Ueno 　Zoo. T: Very good. 　K 9 , you want to go to Tokyo. 　Why? K 9 : I want to see pandas in Ueno 　Zoo. T: Excellent!

表2　教師と子供たちのやり取り例

ここでのポイントは、以下の2つです。

①子供が新しく出合う言語材料の意味が推測できるような場面設定をすること
②解説をするのではなく、実際に使わせる中で、その使い方を理解させていること

この後、子供たちにここまででどのようなことを学習しているかの確認を日本語で行った後、1人

の子供に全員で "Where do you want to go?" と尋ねるよう促し、質問の仕方の練習も取り入れた後、教師と子供で行ったやり取りを、子供同士で行わせます。もちろん、この段階では、十分な練習をしていないので、多くのペアがうまくいかないはずです。

　そこで、この段階で、子供たちに困っていることはないかを尋ね、子供から「質問の言い方がよく分からない」という課題を引き出します。「では、その言い方をみんなで練習しよう」と呼び掛け、言い方が分からないから練習しようという必然性をもたせた上で練習をさせ、再度、相手を替えて取り組ませるのです。

　このように、言語活動を通して、実際に英語を使わせながら、その使い方を理解させ使えるようにします。この一連の活動で、子供は、初めは単語でしたが、最後には文で自分の考えや気持ちを表現し、子供同士でやり取りをするのです。また、必要に応じて、教師は指導と練習を行っています。この練習のときでさえ、子供は自分の考えや気持ちを表現していることも大切にしたいところです。

3 高学年外国語科において「教科書」を子供の実態に合わせて活用する

　冒頭で述べたとおり、今年度から高学年では、教科書を主たる教材として活用しながら授業を展開していますが、「どのように活用すればよいのか」という疑問の声をよく耳にします。まずは、これまでの高学年の外国語活動同様、子供の実態に合わせて活用することが前提となります。

　どのように活用するかについては、岩手県山田町立豊間根小学校の研究実践が参考になります。この学校では、CAN―DO リスト形式の学習到達目標の作成及びその活用にフォーカスを当てて外国語科に取り組み、次の手順で、CAN―DO リスト形式の学習到達目標を作成しています。

STEP 1：学習指導要領に示されている目標と、各単元の題材、言語材料等使用する教材を照らし合わせる。

STEP 2：子供の実態を踏まえて、コミュニケーションを行う目的や場面、状況等を意識しながら単元のゴールとなる言語活動を決める。
☞「話すこと［やり取り］」「話すこと［発表］」のどちらの領域をねらうか。
☞ 決めた領域目標の項目（アイウ）のどれをねらうか。
☞「聞くこと」「読むこと」「書くこと」の各領域別の目標の項目（アイウ）のどれをねらうか。
☞ 他教科等の学習内容との関連を確認する。

STEP 3：領域別の目標全体を見て、年間のバランスや学期ごとのバランスを調整する。

STEP 4：年間指導計画を基に、CAN―DO リスト形式の学習到達目標一覧表に各単元の目標と単元名を入れ、最終調整をする。

　これを基に子供に分かりやすい言葉で記したリストを作成し、活用させることで、教師と子供が単元の学習内容や既習表現を確認し、各学年末に目指す姿の共通理解を図り、2 学年分の系統性やスパイラル形式の学習を見通すことができます。さらに、教科書に様々掲載されている活動の取捨選択やその順の並び替え、どのような活動をオリジナルで加えるかを検討する際に、これを活用するのです。ただ教科書に沿って授業をするのではなく、まず、子供に身に付けさせたい力を明らかにした上で、目標に向けて教科書を活用することが大切です。

必然性のあるやり取りを通して、コミュニケーションの楽しさを感じられる言語活動を!

NEW HORIZON Elementary 6 ／ **Unit 2**

3 Let's Try 2

活動のポイント：教師と ALT でモデルを示してから活動し、中間指導を行う。活動を行いながら机間指導をきちんと行い、子供の表現したい欲求に応えたい。

必然性のあるやり取りを大切に

　子供が、興味・関心をもつことができる自分のことや身の回りのもののことを題材にし、事実だけではなく、自分の考えや気持ちなどを伝え合う場面を設定しましょう。また、決められた表現を使った単なる反復練習のようなやり取りではなく、相手の思いを想像し、内容や言葉、伝え方を考えながら、相手と意味のあるやり取りを行う活動を様々な場面設定の中で行うことが重要です。

相手意識をもったやり取りを大切に

　例えば、やり取りの中で、I like ○○. と好きなものを子供が述べた際、教師は、You like ○○. I see. などと「受容」し、I like ○○, too. と「共感」し、さらには、I like △△ , too. Do you like △△？と「問いかける」などして、単なる反復練習にすることなく、あくまでも必然性のあるやり取りの中で、表現に慣れ親しませ、コミュニケーションの楽しさを実感できるようにしましょう。

言語活動を行う上での留意事項

　学校や地域行事、学級で取り組んでいること、子供の興味・関心は実態によって様々です。言語活動を行う際には、取り上げる題材や場面設定が自校や子供たちの実態に合ったものになっているかどうかに留意するようにしたいものです。目の前の子供たちの生活をよく見て、コミュニケーションを行う目的や場面、状況などを明確にして、より「本物」のやり取りになるように工夫することが大切です。

子供たちのコミュニケーションを
充実させる板書を!

イラストや写真の活用、思考の可視化

気分を尋ねたり、答えたりする単元においては、感情や状態を表す語や表現を発話するだけでなく、それを表すイラストや実物、写真などを黒板に掲示する工夫が考えられます。また、教科書の紙面の拡大掲示や、子供たちの意見や成果物を多く掲示することで、互いを知り合い、コミュニケーションをより活性化させるツールとして板書を活用していきましょう。

電子黒板等、ICT機器を活用する

電子黒板やテレビ等にパソコンを接続し、絵カードや歌、チャンツ、動画等を映し出すことで、子供の興味・関心を高めるようにしましょう。電子黒板では、部分的に大きく提示したり、画面に文字や線を書き込んだりしながら、子供に説明することも可能なので、ICT機器のもつ特性を十分に生かしながら、効果的に活用していきましょう。

板書を活用する上での留意事項

外国語活動・外国語科では、言語活動を重視するため他教科等に比べて板書を使う機会は少ないですが、それは、音声によるコミュニケーションを重視しているからです。文字の指導においても、英文だけを板書して指示するような、文字を使って行う指導とならないよう注意する必要があります。あくまでも、板書は活動をより一層充実させるツールとして使用し、授業を活性化させていくことが大切です。

イラストで見る
全単元・全時間の授業のすべて
外国語　小学校 6 年

This is me!

（ 8 時間 ） 【中心領域】聞くこと、話すこと［発表］

単元の目標

・自分のことを分かってもらったり、相手のことをよく知るために、名前や好きなもの・ことなどについて、短い話を聞いてその概要が分かったり、伝え合ったりできるとともに、アルファベットの活字体の文字を読んだり書いたりすることができる。

第1・2時	第3・4時
（第1小単元）導入	（第2小単元）展開①
名前や好きなもの・こと、誕生日などのやり取りについて、おおよその内容を理解する。	出身国や好きなもの・こと、できるスポーツなどについて聞き尋ね合うとともに、世界の国などについて考え、世界と日本の文化にする理解を深める。
1　名前や出身地、誕生日を伝えよう 　Small Talk では、教師の自己紹介後、既習表現を交えて子供たちにも問いかける。教科書 p. 1 〜 5 で 1 年間の学びの見通しをもたせ、Starting Out をした後、Enjoy Communication を視聴して本単元の見通しをもち、Let's Sing で表現の音に慣れ親しむ。	3　世界の国の人のことを知ろう 　Over the Horizon の Do you know? で異国の習慣や文化について触れた後、意見を発表させる。Let's Listen 1、2 ではそれぞれ内容を予想させてから視聴する。その後、ペアで自己紹介や誕生日を伝え合う。
2　名前や出身地、誕生日、好きなもの・ことを伝え合おう 　Let's Try 1 でポインティング・ゲームを行った後、「ことば探検」の活動をする。Let's Chant を字幕なしで視聴し、表現の音やリズムに慣れ親しませた後、Sounds and Letters で ALT と c の発音を学習する。	4　世界の国クイズをしよう 　歌やチャンツで既習表に慣れ親しんだ後、Challenge の世界の国クイズをする。最初は国旗の色などから行い、その後、既習の Let's Listen 1、2 の登場人物のスリーヒント・クイズを出題する。クイズを通して、誕生日や好きなもの・ことについてのやり取りを自然に取り入れたい。

本単元について

【単元の概要】

　第 6 学年スタートの単元である。互いのことをよく知り合うために、名前や好きなもの・こと、誕生日などについて伝え合ったり、スピーチしたりすることをねらいとしている。

　第 5 学年の学習が「日本に暮らすわたしたち」をテーマにしているのに対し、第 6 学年は「世界に生きるわたしたち」がテーマとなっている。学年最初の学習では、それらのことについても確認し、期待感を膨らませたい。

　さらに、授業で何度も聞いたり言ったりした表現を書きためていく Let's Read and Write や文字と音についての本格的な学習も始まる。

【本単元で扱う語彙・表現】

《語彙》

国（America など）、動物（bear など）、月（January など）

《表現》

I'm 〜. I'm from 〜. I like 〜. My birthday is 〜. など

《本単元で使う既習の語彙・表現》

I have 〜. My favorite sport is 〜. You can 〜.
I want to be 〜. Do you like 〜? I am good at 〜.
I want 〜. など

単元の評価規準

[知識・技能]：I'm 〜. I'm from 〜. I like 〜. My birthday is 〜.及びその関連語句などについて、理解しているとともに、これらの表現を用いて、名前や出身地などについて聞いたり、発表したりする技能を身に付けている。

[思考・判断・表現]：自分のことを分かってもらったり、相手のことをよく知ったりするために、名前や出身地などについて、聞いたり、発表したりしている。

[主体的に学習に取り組む態度]：自分のことを分かってもらったり、相手の名前や出身地などについて、聞いたり、発表したりしようとしている。

第5・6時	第7・8時
（第3小単元）展開②	（第4小単元）まとめ
自分のプロフィールについて伝え合う。	「プロフィールカード」を作って、自分についてスピーチする。
5　プロフィールを伝え合おう（好きなもの・こと） Let's Try 2 では、巻末の絵カードを使って、好きな動物やできるスポーツについてペアで尋ね合う活動を行う。Let's Read and Write 3 では、好きなもの・ことを丁寧に書く。	**7　自分について発表し合おう** Enjoy Communication Step 1 では、書きためた「わたしのせりふ」を伝え合い、Step 2 ではそこに追加したい内容を考えて巻末のプロフィールカードを完成させる。完成したカードでペアでやり取りをする。
6　プロフィールを発表し合おう（誕生日） Let's Try 3 の活動で、教師のモデルを用いて名前や誕生日の書き取りを行った後に、子供同士で自分の名前や誕生日を伝え合う。Let's Read and Write 4 では、モデル音声を聞いた後に、丁寧に自分の誕生日を書く。Sounds and Letters では H の発音を学習する。	**8　自分についてのスピーチをしよう** 前時に作成したプロフィールカードを用いて発表する。まずは Enjoy Communication の映像を視聴し、活動の見通しをもつ。ペアで練習をした後にグループを作って発表する。互いをよりよく知る・知ってもらうためにどんなことが大切かを意識させたい。

【主体的・対話的で深い学びの視点】

　本単元では、名前や誕生日などの表現が設定されている。自分のことをより分かってもらい、相手のことをより分かるためには、どのような内容を扱い、どのような表現を用いたらいいかということを子供自身に考えさせることが大切である。また、相手によって、伝えたい内容が異なることもある。既習語彙や表現を用いて自分のことを伝え、相手のことをよく知るための活動を充実させたい。

　新学期が始まって間もないこの時期に、英語でやり取りをしたり、互いに新たな一面を知ったりすることを通して、よりよい学級作りのきっかけとしたい。

【評価のポイント】

　最初の単元であるため、全てを理解する必要はなく、場面や状況などから、おおよその内容を推測できるようになることを目指していく。特に「知識・技能」「思考・判断・表現」に着目し、例えば学校生活における転校生との日常会話や自己紹介について身近な事柄の簡単な情報を聞き取っているか、相手のことについてその場で質問をし合ったりして、主体的に英語を使って伝え合っているかなどの姿を見取っていく。なお、「読むこと」「話すこと［やり取り］」「書くこと」については目標に向けて指導は行うが、記録に残す評価は行わない。

名前や出身地、誕生日を伝えよう

本時の目標

　名前や好きなもの・こと、誕生日などのやり取りについて、おおよその内容を理解する。

準備する物

・デジタル教材
・振り返りカード

本時の言語活動のポイント

　第6学年最初の外国語科の授業である。まずは、Small Talk で教師の自己紹介を行う。ポイントは、これまで学んできた語彙や表現を積極的に用いて行うことである。そのためには、第3〜5学年で学んだ既習表現を把握しておくことが重要である。誕生日や好きなもの・こと、ほしいものやあこがれのヒーローなどを伝えながら、その都度、子供たちにも質問を投げかける。その後、教科書 p.1〜5 で教室英語を用いながら1年間の見通しをもたせる。

【「聞くこと」「話すこと [発表]」の指導に生かす評価】

◎本時では、記録に残す評価は行わないが、目標に向けて指導を行う。子供の学習状況を記録に残さない活動や時間においても、教師が子供の学習状況を確認することが大切である。本時では、名前や好きなもの・こと、誕生日などを尋ねたり答えたりする表現をくり返し聞かせるようにする。

本時の展開 ▷▷▷

1 Small Talk（名前や誕生日など）1年間の学びの見通しをもつ

　Small Talk で教師の「好きなもの・こと」などの自己紹介を行う。その際、既習表現を用いて教師と子供で簡単なやり取りをする。そして、子供同士で Small Talk もさせる。その後、教科書 p.1〜5 で1年間の学びの見通しをもたせる。

2 Starting Out（No.1〜3）、Enjoy Communication（視聴）

　まずは、Starting Out のイラストの内容を推測させた後、No.1〜3 の音声を聞かせ、聞こえた順に□に番号を書かせる。
　次に Enjoy Communication（教科書 p.10）の映像（デジタル教材）を視聴させ、単元の見通しをもたせる。

2 Starting Out

活動のポイント：音声を聞かせる前にイラストのストーリーについて推測させる。

---

3 Let's Sing "Hello, everyone."、Let's Read and Write 1 をする

Let's Sing で名前や誕生日などの表現に慣れ親しむ。「字幕なし」で行い、聞くことに集中する。数回くり返すと、自然と口ずさむようになる。その後、Let's Read and Write 1（教科書 p.86）に自分の名前を丁寧に書き、互いにその文字を読み合いながら綴りを確認する。

4 Sounds and Letters はじまりの音が同じ単語の文字を書く（b）

単語の最初の音が共通の単語を探す活動を通じて、b の音に慣れ親しんでいく。b の音は、唇を閉じて息の流れを止めた後に出す。これを言葉で説明するのではなく、ALT のまねをさせながらくり返す。その後、教科書 p.90 の 4 線の上に丁寧に書く活動を行う。

第2時 名前や出身地、誕生日、好きなもの・ことを伝え合おう

本時の目標

名前や好きなもの・こと、誕生日などのやり取りについて、おおよその内容を理解する。

準備する物

・デジタル教材
・振り返りカード

本時の言語活動のポイント

Starting Out で音声を聞いて、□に番号を記入する活動を行う。まずは、教科書 p.6〜7 のイラストで、前時に扱った No.1〜3 の登場人物について確認していく。各キャラクターをについて、教師が "What's your name?" などと尋ね、子供はその登場人物になりきって答える。好きなもの・ことや誕生日の表現について覚えていない場合は、再度、音声を聞かせる。その後、数名の子供に、名前や出身国、好きなもの・ことについて尋ねる。このようなやり取りの後、No.4〜7 の音声を聞かせる。

【「聞くこと」「話すこと [発表]」の指導に生かす評価】

◎本時では、記録に残す評価は行わないが、目標に向けて指導を行う。子供の学習状況を記録に残さない活動や時間においても、教師が子供の学習状況を確認することが大切である。本時では、名前や好きなもの・こと、誕生日などを尋ねたり答えたりする表現をくり返し聞かせるようにする。

本時の展開 ▷▷▷

1 Let's Sing "Hello, everyone."、Starting Out（No.4〜7）

Let's Sing を「字幕あり」で行い、音声とともに自然と文字に慣れ親しませる。Let's Sing の後は、その表現を用いて教師と子供でやり取りをする。

続いて、Starting Out の No.4〜7 の音声を聞かせ□に番号を書かせる。

2 Let's Try 1、ことば探検（世界の言語の数）をする

Starting out でいろいろな国の友達の自己紹介を聞いた。Let's Try 1 では、その学びとつなげ、いろいろな国について、別冊の PD（p.16）を用いてワードゲーム（ポインティング・ゲーム）を行う。次に、教科書 p.12 の「ことば探険」（世界の言語の数）を行う。

3 Let's Read and Write 2

活動のポイント：別冊の PD（p.16）を見ながら、4 線を意識して書く。

3 Let's Chant、Let's Read and Write 2 をする

Let's Chant を「字幕なし」で行い、聞くことに集中させ、何度かくり返す。チャンツの後は、慣れ親しんだ表現を用いて教師と子供でやり取りをする。そして、Let's Read and Write 2（教科書 p.86）に自分の出身地を丁寧に書かせる。

4 Sounds and Letters
はじまりの音が同じ単語の文字を書く（c）

第 1 時と同様の活動を通じて、c の音に慣れ親しんでいく。c の音は、舌の後ろを口の奥に付け、息の流れを止めた後に息を出す。これを言葉で説明するのではなく、ALT のまねをさせながらくり返す。その後、教科書 p.90 の 4 線の上に丁寧に書く活動を行う。

第3時 世界の国の人のことを知ろう

本時の目標

　好きなもの・こと、誕生日などについて聞くとともに、世界と日本の文化にする理解を深める。

準備する物

・デジタル教材
・振り返りカード

本時の言語活動のポイント

　Do you know?（世界の国と文化）で、世界の異なる習慣や文化について考える。その中に、世界の国の挨拶のジェスチャーが3カ国のみ示されている。子供たちは、中学年教材 Let's Try 2 の Unit 1 においても、表情やジェスチャーといった言葉以外の要素も、コミュニケーションを図る上で大切なことだということを学習している。本時でも、可能な範囲で、いろいろな国の挨拶を体験させたい。

【「聞くこと」「話すこと [やり取り] [発表]」の指導に生かす評価】

◎本時では、記録に残す評価は行わないが、目標に向けて指導を行う。子供の学習状況を記録に残さない活動や時間においても、教師が子供の学習状況を確認することが大切である。本時では、名前や好きなもの・こと、誕生日などを尋ねたり答えたりする表現をくり返し聞かせるようにする。

本時の展開 ▷▷▷

1 Small Talk、Let's Sing、Let's Chant をする

　テーマを与え、子供同士で Small Talk をする。その後、Let's Sing と Let's Chant をどちらも「字幕あり」で行い、音声とともに自然と文字に慣れ親しませる。チャンツの後は、慣れ親しんだ表現を用いて教師と子供でやり取りをする。

2 Over the Horizon：Do you know?（世界の国と文化）をする

　まずは、世界の挨拶や様々な国旗を通して、異なる習慣や文化について考えさせ、意見を発表させる。次に、クイズ1，2を予想させ、別冊の PD（p.16）を見ながら4線上に記入させる。そして、答え合わせをする。

3 Let's Listen 2

活動のポイント：語順を意識させるために、言いながら絵カードを置く。

---

3 Let's Listen 1 、
Let's Listen 2 をする

　Let's Listen 1 のイラストから、登場人物の自己紹介を予想させ音声を聞かせる。4線上に名前を書く際は、音声を途中で止めるとよい。紙面の文を指で追いながら読ませた後、ペアで自己紹介をさせる。次に Let's Listen 2 を行い、ペアで誕生日を尋ね合わせる。

4 Sounds and Letters
はじまりの音が同じ単語の文字を書く（d）

　第1時と同様の活動を通じて、d の音に慣れ親しんでいく。d の音は、舌の先を上の歯ぐきに付け、息の流れを止めた後に声を出す。これを言葉で説明するのではなく、ALT のまねをさせながらくり返す。その後、教科書 p.90の4線の上に丁寧に書く活動を行う。

第4時 世界の国クイズをしよう

本時の目標

好きなもの・ことなどについて尋ね合うとともに、世界と日本の文化にする理解を深める。

準備する物

・デジタル教材
・振り返りカード

本時の言語活動のポイント

Over the Horizon の Challenge（世界の国クイズ）を行う。本時に向けて、子供たちに前もってクイズを作らせ、クイズ大会をすることもできる。

教師は、Let's Listen 1 と 2 の登場人物の出身国に関するスリーヒント・クイズを考え、出題する。

例えば「国旗の色」「Deepa」「Mother Teresa」というヒントを言う。すると、子供たちは前時の学習を想起し、思わず "India!" と発するであろう。このように、前時に教科書に記入した内容と結び付けて、世界のクイズ大会をする。

【「聞くこと」「話すこと［発表］」の指導に生かす評価】

◎本時では、記録に残す評価は行わないが、目標に向けて指導を行う。子供の学習状況を記録に残さない活動や時間においても、教師が子供の学習状況を確認することが大切である。本時では、名前や好きなもの・こと、誕生日などを尋ねたり答えたりする表現をくり返し聞かせるようにする。

本時の展開 ▷▷▷

1 Let's Sing、Let's Chant をする

これまで学んできた表現について、Let's Sing と Let's Chant で慣れ親しませる。どちらも「字幕あり」で行い、音声とともに自然と文字に慣れ親しませる。チャンツの後は、慣れ親しんだ表現を用いて教師と子供でやり取りをする。

2 Over the Horizon：Challenge （世界の国クイズ）をする

国旗の色などを用いた簡単なスリーヒント・クイズを子供に考えさせ出題させる。その後、教師が考えた Let's Listen 1 と 2 の登場人物の出身国に関するスリーヒント・クイズを出題する。その中で、誕生日や好きなもの・ことなどについてやり取りをする。

024

Let's Listen 1　二人の自己紹介を聞いて、4線に書き込もう

I like _____

I play the _____

I like _____

I want a _____

---

3 Over the Horizon：世界のすてき（中国）をする

教科書p.13の写真を見て気付いたことを共有させる。その上で、映像を視聴し、中国について分かったことを紙面に書かせる。そして、発表させ、学級全体で共有する。

まとまりのある内容のため、子供の頑張りを称賛することを大切にする。

4 Sounds and Letters
はじまりの音が同じ単語の文字を書く（f）

f, f, f, fish

第1時と同様の活動を通じて、fの音に慣れ親しんでいく。fの音は、上の歯で下唇を軽く押さえ、その間から息を出す。これを言葉で説明するのではなく、ALTのまねをさせながらくり返す。その後、教科書p.90の4線の上に丁寧に書く活動を行う。

プロフィールを伝え合おう（好きなもの・こと）

本時の目標

自分のプロフィールについて伝え合う。

準備する物

・デジタル教材
・振り返りカード

本時の言語活動のポイント

Let's Try 2 で、自分の好きなことやできるスポーツの絵カードを教科書紙面の指定箇所に置き、ペアで尋ね合う活動を行う。

相手によって、自分の伝えたい好きなもの・ことは変わることもある。ペアを替えて何度も行いたい。

Let's Read and Write 3（わたしのせりふ）では、相手に伝えたい自分の最も好きなもの・ことを丁寧に書く活動を行う。

【「聞くこと」「話すこと［発表］」の指導に生かす評価】

◎本時では、記録に残す評価は行わないが、目標に向けて指導を行う。子供の学習状況を記録に残さない活動や時間においても、教師が子供の学習状況を確認することが大切である。本時では、名前や好きなもの・こと、誕生日などを尋ねたり答えたりする表現をくり返し聞かせるようにする。

本時の展開 ▷▷▷

1 Small Talk、Let's Sing、Let's Chant をする

テーマを与え、子供同士で Small Talk をする。その後、Let's Sing と Let's Chant をどちらも「字幕あり」で行い、音声とともに自然と文字に慣れ親しませる。チャンツの後は、慣れ親しんだ表現を用いて教師と子供でやり取りをする。

2 Let's Try 2 好きな動物とできるスポーツを選ぶ

巻末の絵カードの中から、好きな「動物」とできる「スポーツ」を選ばせる。ない場合は、白紙のカードに簡単に描かせる。そのカードを教科書 p.8 の該当箇所に置き、語順を意識させる。教師がモデルのやり取りを示し、ペアで尋ね合わせる。

2 Let's Try 2

活動のポイント ：教師が提示用絵カードを用いて、活動のモデルを示す。

3 Let's Read and Write 3
好きなもの・ことを書く

　モデル文の音声を聞かせた上で、モデル文を声に出して読ませる。

　そして、別冊の PD を参照しながら、Let's Read and Write 3 （教科書 p.86）に自分の好きなもの・ことを丁寧に書かせる。

4 Sounds and Letters
はじまりの音が同じ単語の文字を書く（d）

　第 1 時と同様の活動を通じて、g の音に慣れ親しんでいく。g の音は、舌の後ろを口の奥に付け、息の流れを止めた後に声を出す。これを言葉で説明するのではなく、ALT のまねをさせながらくり返す。その後、教科書 p.90 の 4 線の上に丁寧に書く活動を行う。

プロフィールを発表し合おう（誕生日）

本時の目標

自分のプロフィールについて発表し合う。

準備する物

・デジタル教材
・振り返りカード

本時の言語活動のポイント

　Let's Try 3で、名前や誕生日を伝え合い、Let's Read and Write 4（わたしのせりふ）で自分の誕生日を丁寧に書く活動を行う。

　月名の英語は、子供にとって難しい。Julyと聞いて、すぐに「7月」と分かるとは言い切れない。そこで、子供に求められるのは相手意識である。相手に伝わっているかどうかを気にかけながら、何度かゆっくりはっきりとくり返したり、相手に考える時間を与えたりすることが大切になる。

【「聞くこと」「話すこと［発表］」の指導に生かす評価】

◎本時では、記録に残す評価は行わないが、目標に向けて指導を行う。子供の学習状況を記録に残さない活動や時間においても、教師が子供の学習状況を確認することが大切である。本時では、名前や好きなもの・こと、誕生日などを尋ねたり答えたりする表現をくり返し聞かせるようにする。

本時の展開 ▷▷▷

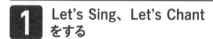

1 Let's Sing、Let's Chant をする

When is your birthday?

My birthday April 4th.

　これまで学んできた表現について、Let's Sing と Let's Chant をどちらも「字幕あり」で行い、音声とともに自然と文字に慣れ親しませる。チャンツの後は、慣れ親しんだ表現を用いて教師と子供でやり取りをする。

2 Let's Try 3 名前や誕生日を発表し合う

先生の名前

　教師がモデルのやり取りを示し、教師の名前と誕生日を紙面に記入させる。名前はローマ字で、誕生日は日本語で記入させる。その後、ペアでやり取りをさせる。

　名前を記入する際、既習の How do you spell your name? を用いるとよい。

2 Let's Try 3　教師とのやり取り

活動のポイント：名前の綴りを伝える際は、相手の書く様子を見ながら、ゆっくりはっきりと話す。

3 Let's Read and Write 4
自分の誕生日を書く

　モデル文の音声を聞かせた上で、モデル文を声に出して読ませる。

　そして、別冊の PD を参照しながら、Let's Read and Write 4（教科書 p.86）に自分の誕生日を丁寧に書かせる。

4 Sounds and Letters
はじまりの音が同じ単語の文字を書く（h）

　第1時と同様の活動を通じて、h の音に慣れ親しんでいく。h の音は、喉の奥からたっぷり息を出す。これを言葉で説明するのではなく、ALT のまねをさせながらくり返す。その後、教科書 p.90 の4線の上に丁寧に書く活動を行う。

自分について発表し合おう

本時の目標

「プロフィールカード」を作って、発表し合う。

準備する物

・デジタル教材
・プロフィールカード　巻末
・振り返りカード

本時の言語活動のポイント

　Enjoy Communication Step 2 を行う。教科書 p.86 に書きためた「わたしのせりふ」に、新たに相手に伝えたい内容を別冊の PD を参照して追記させる。その後、巻末のプロフィールカードを作成させ、それを用いてペアでやり取りをさせる。

　話し手には「相手に分かりやすいようにするためには、どのように話したらよいか」、聞き手には、「相手が気持ちよく話すためには、どのような聞き方がよいか」を考えさせることで、次時の Enjoy Communication Step 3 がよりよくなる。

【「聞くこと」「話すこと [発表]」の記録に残す評価】

◎自分について話したり、相手の発表を聞いたりしている。〈行動観察・ワークシート記述分析〉
・子供が発表したり聞いたりしている様子やワークシートの記述を分析し、評価の記録に残す（知・技）。

本時の展開 ▷▷▷

1 Small Talk、Let's Sing、Let's Chant をする

　テーマを与え、子供同士で Small Talk をする。その後、Let's Sing と Let's Chant をどちらも「字幕あり」で行い、音声とともに自然と文字に慣れ親しませる。チャンツの後は、慣れ親しんだ表現を用いて教師と子供でやり取りをする。

2 Enjoy Communication Step 1 「わたしのせりふ」を読む・読み合う

　Enjoy Communication Step 1 を行う。まずは、教科書 p.86 に書きためた「わたしのせりふ」を声に出して読ませ、次にペアを替えながら発表し合う。次に、教科書を交換させ、友達の「わたしのせりふ」を声に出して読む。

2 Enjoy Communication Step 1

活動のポイント ：教科書 p.86 に書きためた「わたしのせりふ」を数名と読み合い、文字を読むことに慣れ親しませる。

〈自分の書いたものを読む〉

〈教科書を交換して友達の表現を読む〉

I'm Kazuma.
I'm from Japan.
I like fishing.
My birthday is January 11th.

I'm Saki.
I'm from Japan,
I like cats.
My birthday is September 24th.

3 Enjoy Communication Step 2 をする

I'm Akira. I'm from Japan. I like Japan.
I like hamburgers.
It's delicious.
My birthday is May 12th.

Enjoy Communication Step 2 を行う。教科書p.86に書きためた「わたしのせりふ」に伝えたい追加の内容を書くように伝える。その際、別冊の PD を参照させる。その後、巻末のプロフィールカードを作成させ、それを用いてペアで発表し合わせる。

4 Sounds and Letters
はじまりの音が同じ単語の文字を書く (j)

j, j, j, juice

第 1 時と同様の活動を通じて、j の音に慣れ親しんでいく。j の音は、口を丸め、舌の先を上の歯ぐきに付け、それを離して声を出す。これを言葉で説明するのではなく、ALT のまねをさせながらくり返す。その後、教科書 p.90の4 線の上に丁寧に書く活動を行う。

第8時 自分についてのスピーチをしよう

本時の目標

「プロフィールカード」を作って、スピーチする。

準備する物

・デジタル教材
・プロフィールカード　巻末
・振り返りカード

本時の言語活動のポイント

Enjoy Communication Step 3 を行う。前時に作成した巻末のプロフィールカードを用いて自分についてのスピーチを行う。

前時に考えた、「話し手は、相手に分かりやすいようにするためには、どのように話したらよいか」「聞き手は、相手が気持ちよく話すためには、どのような聞き方がよいか」ということを確認し、より質のよいスピーチの時間としたい。スピーチ後は、「話すときに工夫したこと」「聞くときに工夫したこと」を振り返りカードに記入させる。

【「聞くこと」「話すこと[発表]」の記録に残す評価】

◎互いのことをよく知り合うために自分について話したり聞いたりしている。〈行動観察・ワークシート記述分析〉
・子供が発表したり聞いたりしている様子やワークシートの記述を分析し、評価の記録に残す（思・判・表）。

本時の展開 ▷▷▷

1 Let's Sing、Let's Chant をする

これまで学んできた表現について、Let's Sing と Let's Chant で慣れ親しませる。どちらも「字幕あり」で行い、音声とともに自然と文字に慣れ親しませる。チャンツの後は、慣れ親しんだ表現を用いて教師と子供でやり取りをする。

2 Enjoy Communication の映像を視聴する

Enjoy Communication（教科書 p.10）の映像を視聴し、活動の見通しをもつ。

映像のやり取りは、一つの例にすぎない。よって、自分のことを伝え、相手のことをよく知るために、自分ならどんなことをやり取りしたいかを考えさせることが大切である。

3 Enjoy Communication Step 3

活動のポイント：発表の質を高めるために、中間指導を入れ、相手を替えてくり返す。

〈ペアで発表する〉

I'm Akari.
I'm from Japan.
I like pizza. It's delicious.

〈グループになって発表する〉

Hi, I'm Kazuma.
I'm from Japan.
I like *sushi*. It's delicious.
I like tennis. I can play tennis well.

---

3 Enjoy Communication Step 3
をする

I'm Akari.
I'm from Japan.
I like pizza. It's delicious.
I like dancing. I can dance well.
My birthday is August 9th.

　プロフィールカードを使って、「自分についてのスピーチ」をする。グループになって一人ずつ発表したり、全体で発表を行ったりする。また、聞く側はスピーチ後、聞き取ったことをワークシートに記入する。「話し手」「聞き手」としての相手意識を大切にさせる。

---

4 Sounds and Letters（Quiz ①）

f

　第1時から第7時まで、単語の最初の音が共通の単語を探す活動を通じて、b、c、d、f、g、h、jの音に慣れ親しんできた。それらの音について確認した上で、教科書 p.90の Quiz ①を行う。

第3時 Let's Listen 1

活動の概要

第2時の Starting Out の最後に出てきた二人の登場人物である Deepa と Martin の自己紹介を聞き、名前の綴りを聞き取って4線上に書いたり、出身国を書いたりする。その上で二人の登場人物になりきって、自己紹介をする活動である。第2時の Starting Out で行った同じ二人の登場人物の自己紹介は、10文程度であるのに対し、Let's Listen 1 では、16〜18文程度のまとまった内容である。それを比べ、本時のゴールの活動につなげてもよい。

活動をスムーズに進めるための2つの手立て

① 自己紹介を予想する
二人の登場人物について、教科書にあるイラストを含めた文を見て、自己紹介を予想する。

② 情報を追加する
教科書に示されている5つ以外の情報を、音声を何度も聞いて追加する。

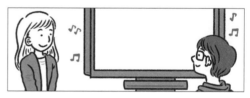

活動前のやり取り例

T ：紙面を見てどんな自己紹介をするか予想してみましょう。
C1：I like curry and rice. I want good rice.
　　I play the recorder. I want a nice recorder.
C2："I like comic books."? "I want a new comic book" かな？
　　I play the guitar. I want a new guitar.
T ：指で指しながら声に出して読んでみましょう。
C1：I like curry and rice. I want good rice.
　　I play the recorder. I want a nice recorder.
C2：I like comic books. I want a new comic book.
　　I play the guitar. I want a new guitar.

活動前のやり取りのポイント

2人の登場人物について、紙面にあるイラストを含めた文を見て、自己紹介の内容を予想させたり、指で指しながら読んだりする。

活動のポイント

　　Let's Listen 1 に示されたイラストを参考に二人の登場人物になりきって、自己紹介をする。

　　なりきり自己紹介では、Let's Listen 1 の音声をくり返し聞いて、教科書に示されている名前や出身国、好きなもの・ことの 5 つ以外の情報を追加してやり取りをする。

メイン活動

Hello, ナマステ .
I'm Deepa. D-E-E-P-A, Deepa.
I'm from India. I like curry and rice.
I want good rice. I play the recorder.
My birthday is December 15th.
I like music. I want a nice recorder.

活動後のやり取り例

T 　：Deepa 役のみなさん、どんな情報を追加しましたか？
C 1 ：Rice is very delicious.
C 2 ：My birthday is December 15th.
C 3 ：I like music.
C 4 ：I want to be a musician.
T 　：Martin 役のみなさん、どんな情報を追加しましたか？
C 1 ：I like *Doraemon*.
C 2 ：My birthday is September 3rd.
C 3 ：I like music.
C 4 ：My guitar is old.

活動後のやり取りのポイント

音声をくり返し聞き、教科書 p. 8 の Let's Listen 1 に掲載されている内容以外の情報を共有する。さらに、前時に聞いた Starting Out の G（No. 6 ）と Let's Listen 1 の Deepa に関する内容や、Starting Out の F（No. 7 ）と Let's Listen 1 の Martin に関する内容の音声を聞き、その違いについて比べてもよい。

How is your school life?

(8時間) 【中心領域】話すこと［やり取り］

単元の目標

・自分のことを伝え、相手のことをよく知るために、世界の子供たちや自分たちの日常生活などについて、短い話を聞いてその概要が分かったり、伝え合ったりすることができる。外国語の背景にある文化に対する理解を深める。また、例文を参考に文を読んだり、書いたりすることができる。

第1・2時	第3・4時
（第1小単元）導入	（第2小単元）展開①
世界の子供たちの日常生活などについてのやり取りのおおよその内容を理解する。	日常生活や宝物について伝え合う。
1　世界の子供たちのふだんの生活について知ろう1 Small Talk で本単元で使用する表現を使用し見通しを示す。Let's Try 1 でポインティング・ゲームを行う。Let's Chant で表現の音やリズムに慣れ親しみ、Starting Out を行い、Let's Read and Write 1 の活動につなげる。	**3　ふだんすることなどについてたずね合おう** Small Talk では普段の生活についてやり取りをする。Let's Listen 1 で登場人物の普段見ているテレビ番組について聞き取りを行う。その後、Let's Try 2 では ALT と教師でモデルを見せた後、子どもを巻き込みながら自分が普段することを話させる。
2　世界の子供たちのふだんの生活について知ろう2 Let's Sing で英語の音と文字に慣れ親しませた後、Starting Out を視聴する。その後、Let's Try 2 でミッシング・ゲームを行う。Let's Read and Write 2 で自分の通っている小学校を丁寧に書かせる。最後に、Sound and Letters で ALT と l の発音を学習する。	**4　宝物についてたずね合おう** 既習表現を歌やチャンツで慣れ親しませた後、既習の Starting Out を想起させながら Let's Listen 2 を行う。Let's Try 2 では、教師と ALT のモデルを見せた後、子供を巻き込みながら、宝物を尋ねる・答えるやり取りをくり返す。Let's Read and Write 4 では本時で学習した内容を基に自分の宝物を英語で書く。

本単元について

【単元の概要】

本単元は、世界の子供たちの学校生活や日課、宝物などの日常生活について話を聞いたり、自分自身の日常生活や宝物などを紹介したりする単元である。また、既習事項である、日常生活や一日の生活などを表す語句や語彙をたくさん聞いたり話したりする。Enjoy Communication では、Step 2 のヒントを手がかりに追加の文を書いて内容を膨らませた上で、「宝物紹介カード」を見せ合いながら、ペアで伝え合う活動となっている。

単元の最終には、世界の人々の「大切なもの」について考える活動がある。

【本単元で扱う主な語彙・表現】
《語彙》
乗り物（bus など）、一日の時間（morning など）、文房具（notebook など）、一日の生活（get up など）、日常生活（ball など）
《表現》
I live in 〜. I go to 〜. I always/usually/sometimes/never 〜. My treasure is 〜. など
《本単元で使う既習の語彙・表現》
一日の時間（morning など）、日常生活（ball など）
I'm 〜. My name is 〜. I like 〜.
I want to be 〜. I always/usually/sometimes/never 〜.

単元の評価規準

[知識・技能]：I live in ～. I go to ～. I usually ～. My treasure is ～.及びその関連語句などについて、理解しているとともに、世界の子供たちや自分たちの日常生活などについて、これらの表現を用いて、伝え合っている。

[思考・判断・表現]：互いによく知り合うために、世界の子供たちや自分たちの日常生活などについて、伝え合っている。

[主体的に学習に取り組む態度]：互いによく知り合うために、世界の子供たちや自分たちの日常生活などについて、伝え合おうとしている。

第5・6時	第7・8時
（第3小単元）展開②	（第4小単元）まとめ
「宝物紹介カード」を作って、宝物について伝え合う。	世界の人々の生活などについて考え、世界と日本の文化に対する理解を深める。
5　「宝物紹介シート」を作って、やり取りをしよう Enjoy Communication の映像を視聴して活動の見通しをもった後、「わたしのせりふ」に書きためた内容をペアで伝え合う。その後、教科書上のヒントを参考に、追加したい内容を考えて、「宝物紹介シート」を完成させる。	7　世界の人々の生活について考えよう Over the Horizon の Do you know? で、世界の人々が大切にしているものや外国の学校について知った後、自分の意見を発表する。その後、「日常生活に欠かせないもの」という視点で自分の宝物を考えてペアでやり取りする。
6　「宝物紹介シート」を使って、伝え合おう 前時で作成した「宝物紹介カード」を使用して発表をする。発表は3人グループで、「話す役」「聞く役」「見る役」になって行い、互いにフィードバックし合う。全ての発表が終わったら、紙面に「話すときに工夫したこと」「聞くときに工夫したこと」を記入する。	8　日本語と英語のちがいを知ろう Who am I? クイズで既習表現に慣れ親しむ。その後、「ことば探検」で日本語と英語の表現を比較して、気付いたことを全体に共有させる。続けて、「世界のすてき」で隣国である韓国についての映像を視聴し、日本との違いや特徴やそのよさを知る。

【主体的・対話的で深い学びの視点】

　本単元は、日常生活や宝物（大切なもの）など身近なものについてやり取りすることが多く、子供にとって、主体的・対話的な活動が多くなるだろう。また、Enjoy Communication Step 2 のヒントを基に「わたしのせりふ」に書きためたこと以外を話す場面を作ることで、深い学びが実現できると考える。また、第7時で世界の人々の生活について考えることで、"treasure" が「宝物」という意味だけではなく、「大切なもの」という意味ももつことに気付き、さらに「大切なもの」という意味でのやり取りをすることで、子供は深い学びを実現していくであろう。

【評価のポイント】

　本単元では、十分に聞いたり話したりする活動を行ってから「話すこと［やり取り］」について記録に残す評価を行う。「話すこと［やり取り］」については、子供がペアで伝え合う様子から適切な評価を行う。なお、「聞くこと」「読むこと」「書くこと」については目標に向けて指導は行うが、記録に残す評価は行わない。記録に残す評価をしない場面においても、目標に向けて十分に指導を行うことが大切である。

世界の子供たちの
ふだんの生活について知ろう1

本時の目標

世界の子供たちの日常生活などについてのやり取りのおおよその内容を理解する。

準備する物

- 振り返りカード
- 乗り物の絵カード（掲示用）
- Small Talk に使う実物・写真
- ワークシート

本時の言語活動のポイント

1回目の Small Talk が終わった後に、伝えたかったけれど言えなかった言葉を確認する。既習事項は、学級全体で想起をする。このとき使わせたい語句や表現は ALT が中心となり、全体で確認をする。

2回目の Small Talk は、相手を替えて同じ話題で対話する。1回目よりも慣れてきているので、自分の使いたい表現を使って笑顔でやり取りをする子供も増えることが予想される。上手く話せなかった子供も全体確認や友達が話す内容を聞いて対話を続けることを大切にする。

■【「聞くこと」の指導に生かす評価】

◎本時では、記録に残す評価は行わないが、目標に向けて指導を行う。子供の学習状況を記録に残さない活動や時間においても、教師が子供の学習状況を確認する。本時では、世界の子供たちの普段の生活について、見聞きして分かったことを書かせたり発表させたりすることが大切である。

本時の展開 ▷▷▷

1 Let's Sing、Small Talk ① をする

単元のはじめの Small Talk では、本単元に使用される語彙や表現を用いて、教師の住んでいる場所や通勤方法、宝物などを話していく。その後教師は、何名かの子供に住んでいる場所と通学方法を質問し、次にペアで Small Talk をさせる。

2 Let's Try 1 ポインティング・ゲームをする

通学方法で出てこない乗り物は、飛行機や船で行く場所を取り上げるとよい。一度乗り物の単語を復唱し、ポインティング・ゲームをする。はじめは教師の言う単語を言いながら指す。慣れてきたら、子供に言わせてみたり教師がわざと間違えて言ってみたりするのもよい。

1 Small Talk ①

活動のポイント：活動を行いながら本時のねらいを子供に気付かせ、理解させる。

教師の話の後で、教師とのやり取りを数名の子供に聞きながら、何度も住んでいる場所や通学方法を引き出していく。

3 Let's Chant、Starting Out (No. 1～4) をする

　No. 1～4の音声を聞いて、分かったことや気付いたことなどをワークシートの1の左半分に記入させる。分かったことや気付いたことなどを発表させ、教科書 p.14の A～D の□に聞こえた順に番号を記入させる。No. 3 (D) の表現を確認し、次の活動へつなげる。

4 Let's Read and Write 1 、Sounds and Letters（k）

　モデル文の音声を聞いて、声に出して読む。教科書 p.86の「わたしのせりふ」に自分の「住んでいるところ」を書く。その際、住んでいる地域の実態に合わせて書かせると子供が書きたいという気持ちになるであろう。[例：I live in Irabujima in Okinawa.（下線部を変更）]

第2時 世界の子供たちの ふだんの生活について知ろう2

本時の目標

世界の子供たちの日常生活などについてのやり取りのおおよその内容を理解する。

準備する物

- ・振り返りカード
- ・一日の時間の絵カード（掲示用）
- ・文房具の絵カード（掲示用）
- ・ワークシート

本時の言語活動のポイント

Starting Out の F と H では、話の最後に "What time do you get up on Sundays?"、"What time do you go to bed?" とそれぞれ質問をしている。教師は子供とやり取りをしたり、ペアでやり取りさせたりしてもよいだろう。また、教師は、"What school do you go to?" と ALT などとやり取りをして見せ、"I go to 〜 Elementary School." と答え、子供にも質問した後で、Let's Read and Write 2 につなげていきたい。

【「聞くこと」の指導に生かす評価】

◎本時では、記録に残す評価は行わないが、目標に向けて指導を行う。子供の学習状況を記録に残さない活動や時間においても、教師が子供の学習状況を確認する。本時では、世界の子供たちの普段の生活について、見聞きして分かったことをワークシートに書くことが大切である。

本時の展開 ▷▷▷

1 Let's Sing をする

授業の冒頭は Let's Sing の活動でスタートすることで、英語の授業を始める雰囲気づくりにも役に立つ。聞くことに集中させるため、はじめは字幕なしで聞かせたり、一緒に歌うために、歌いづらい単語や表現を練習したりする。

2 Let's Try 2 ミッシング・ゲームをする

なくなった物を教えてね。

Starting Out の No. 5 のスクリプトを教師が読み、どんなことを話していたか考えさせる。その中で一日の時間や文房具について出てくるので、それらの意味を確認して復唱した後で、ミッシング・ゲームを行う。

2 Let's try 2

活動のポイント：デジタル教材を使い、ミッシング・ゲームをする

3 Let's Chant、Starting Out（No. 5 ～ 8 ）をする

　No. 5 ～ 8 を再生し、分かったことや気付いたことをワークシートの右半分に書き、発表させる（通し再生は No. 1 からなので、No. 5 まで進めておく）。E～H の□に聞こえた順に番号を記入させる。答え合わせをして、映像を見る。

4 Let's Read and Write 2 、Sounds and Letters（l）

　単語の最初の音と共通の単語を探す活動を通じて、l の音に慣れ親しんでいく。舌先を前歯の裏に押し当てて、軽く、口の前方で声を出す l の発音を、ALT などのまねをさせながらくり返す。その後、教科書 p.90の 4 線の上に文字を丁寧に書く活動も行う。

ふだんすることなどについて
たずね合おう

本時の目標

普段することなどについて尋ね合う。

準備する物

・振り返りカード

本時の言語活動のポイント

本時では、Let's Listen 1 の後に普段週末に見ている番組を、Let's Try 2で普段することについて尋ねる活動がある。子供たちはより身近で、しかもより伝えたり聞いたりしたい内容である。そこで大事なのは、「相手意識」をもつことであり、PD の冒頭と最後にある「こんなときどう言うの？」を参照させながら、質問をしたり、感想を伝えたりして、相手との会話を「つなぐ」ことを意識させたい。教師とALT などで見本を示してから活動し、中間指導を行う。

【「話すこと［やり取り］」の指導に生かす評価】

◎本時では、記録に残す評価は行わないが、目標に向けて指導を行う。子供の学習状況を記録に残さない活動や時間においても、教師が子供の学習状況を確認する。本時では、子供同士のやり取りを普段の生活について、十分に尋ねたり答えたりさせることが大切である。

本時の展開 ▷▷▷

1 Let's Sing、Small Talk ② をする

Small Talk では、普段の生活についてのやり取りをして、登校時刻や夕ご飯を食べる時間など様々な時間を尋ねたり、答えたりさせていきたい。その際、頻度の表現も使えるように仕かけていきたい。PD を参照させてもよい。

2 Let's Chant、Let's Listen 1 をする

教科書 p.16のテレビ欄の内容を確認し、音声を聞かせて、登場人物が普段見ているテレビ番組を○で囲ませる。答え合わせをした後、テレビ番組について教師と子供、子供と子供のやり取りも入れる。ネット動画を視聴してもよいだろう。

3 Let's Try 2

活動のポイント：教師とALTでモデルを示してから活動し、中間指導を行う。活動を行いながら机間指導をきちんと行い、子供の表現したい欲求に応えたい。

> What do you usually do on Sundays?

> I usually play soccer on Sundays.

> What do you do on Sundays?

3 Let's Try 2 をする

> What do you usually do on Sundays?

> 一日の時間や曜日を替えてみよう！

ALTなどとモデル会話を行う。その際、質問する側は、文末を別の「曜日」（on Saturdays）または「一日の時間」（in the evenings）などと替えてもよいことを伝える。途中、中間指導を行いながら、活動していく。

4 Let's Read and Write 3 、 Sounds and Letters（m）

> I usually watch soccer games on Sundays.
> I usually play volleyball on Saturday mornings.

モデル文の音声を聞いて、声に出して読む。PDを参照させながら、教科書p.86の「わたしのせりふ」に自分の「ふだんすること」などを書かせる。mの音は唇をしっかり閉じて、鼻から声を出す。

第4時 宝物についてたずね合おう

本時の目標

宝物について尋ね合う。

準備する物

・振り返りカード
・教師の宝物
・宝物紹介カード　巻末

本時の言語活動のポイント

　Let's Listen 2 は単に聞き取る練習ではなく、言語活動とするために、紙面の名前や絵の内容について、教師と子供がやり取りをして確認をしたり、答えを予想させたりすることが大切である。

　また、Let's Try 3 では、「宝物」についてのやり取りを行う。ここでは、相手の宝物について聞き、"Good." など反応したり、"Why?" と質問したりするとより自然な会話ができることを教師と ALT などとのモデル会話で示すことができるとよい。

【「話すこと［やり取り］」の指導に生かす評価】

◎本時では、記録に残す評価は行わないが、目標に向けて指導を行う。子供の学習状況を記録に残さない活動や時間においても、教師が子供の学習状況を確認する。本時では、「宝物」についての伝え合う場面で机間指導しながら、子供を指導していきたい。

本時の展開 ▷▷▷

1 Let's Sing をする

　授業の冒頭は Let's Sing の活動でスタートすることで、英語の授業を始める雰囲気づくりにも役に立つ。メロディーにも慣れてきているので、字幕を入れながら、音声とともに歌う。学級の実態に合わせて再生速度を変えたり、カラオケ機能を使ったりする。

2 Let's Chant、Let's Listen 2 をする

　登場人物の宝物を聞き取り、線で結ぶ活動である。音声の内容は Starting Out で聞いたものだと想起させるために、紙面に出てくる名前や絵の内容について、教師と子供がやり取りをして確認する。また、答えを予想させたりすることも大切である。

3 Let's Try 2

活動のポイント ：子供同士のやり取りの前に、教師やALTが十分に子供に宝物についてやり取りしておく。

3 Let's Try 2
宝物について尋ね合う

　教師とALTなどとで宝物についてやり取りをして、子供たちへ尋ね、何度もWhat is your treasure?/My treasure is 〜.を聞かせたり言わせたりする。その続きで子供同士のやり取りをする。

4 Let's Read and Write 4 、
Sounds and Letters（n）

　単語の最初の音と共通の単語を探す活動を通じて、nの音に慣れ親しむ。舌の先を前歯の裏に付けて口から出る息をふさぎ、鼻から息を出しながら、強く「ヌ」と言うnの発音を、ALTなどのまねをさせながらくり返す。その後、教科書 p.90の活動も行う。

第5時 「宝物紹介カード」を作って、やり取りをしよう

本時の目標

「宝物紹介カード」を作って、やり取りをする。

準備する物

・振り返りカード
・Small Talk に使う実物・写真

本時の言語活動のポイント

Enjoy Communication Step 1 で今まで書きためた、ペアの「わたしのせりふ」を声に出して読む。ここでは、「音声で十分に慣れ親しんだ簡単な語句や基本的な表現で書かれた文を読んで、その意味を捉える活動」を「読むこと」としての言語活動として扱いたい。読み手は声に出して読み、感想を相手に伝えることができるとよい。

【「話すこと［やり取り］」の指導に生かす評価】

◎本時では、記録に残す評価は行わないが、目標に向けて指導を行う。子供の学習状況を記録に残さない活動や時間においても、教師が子供の学習状況を確認する。本時は、Step 2 で全員の「宝物紹介カード」が完成できるように机間指導を丁寧に行うことが大切である。

本時の展開 ▷▷▷

1 Let's Sing、Small Talk （一日の時間や曜日）をする

まずは教師と子供が表現内容を理解できるように導入を行い、1回目の対話を促す。その対話の後で、子供が伝えたくても英語で表現できなかったことはないかを確認し、既習事項や言い換えができないか全体に問うとよい。

2 Let's Chant、Enjoy Communication Step 1 をする

Enjoy Communication の映像を見せ、活動の見通しをもたせる。Step 1 の音声を聞き、声に出して読む。次に、教科書 p.86 の「わたしのせりふ」をペアで伝え合う。最後に、ペアで教科書を交換して相手の内容を声に出して読む。読み方が分からない場合は教え合う。

2 Enjoy Communication Step 1　友達と伝え合おう

活動のポイント ：ペアの「わたしのせりふ」を声に出して読む前に、ペアで「わたしの
せりふ」を基に十分に伝え合いを行っておく。

3 Enjoy Communication Step 2 「宝物紹介カード」を完成しよう

ヒントの文を手がかりにして、「わたしのせ
りふ」に追加の文を入れる。また、スリーヒン
ト・クイズやジェスチャー・クイズなどのクイ
ズ形式にすることも可能だと伝える。完成した
ら、ペアになり、伝え合う。

4 Sounds and Letters（p） をする

単語の最初の音と共通の単語を探す活動を通
じて、ｐの音に慣れ親しんでいく。上下の唇
しっかり閉じて、「プッ」と息だけ強く出すよ
うにするｐの発音を、ALTなどのまねをさせな
がらくり返す。その後、教科書 p.90の４線の
上に文字を丁寧に書く活動も行う。

第6時 「宝物紹介カード」を使って、伝え合おう

本時の目標

「宝物紹介カード」を使って、発表する。

準備する物

・振り返りカード
・宝物紹介カード　巻末

本時の言語活動のポイント

　Enjoy Communication Step 3での活動は、「話す役」「聞く役」「見る役」に分かれる。映像のモデルでは、クイズ形式となっているが、話す内容が多くなるため、子供が言いたいことを優先して、発表内容をあまり固定化しないようにすることも大切である。また、クイズを出すのが難しいようならば、"Do you like ～?" というように「聞く役」に問いかけをさせてもよい。これまで学習してきた内容を、自由に使わせるような指導を行うことで、「英語を使う楽しさ」につながる。

【「話すこと [やり取り]」の記録に残す評価】

◎本時では、自分の日常生活について、自分の考えや気持ちなどを用いて伝え合う様子を見取る。互いによりよく知り合うためという目的や場面、状況に応じた内容や伝え合う工夫がなされているか、しようとしているかを見取る（思・判・表）（態）。

本時の展開 ▷▷▷

1 Let's Sing をする

　クラスの実態に合わせて再生速度を変えたり、カラオケ機能などを使ったりする。
　このような歌を歌うというプロセスを通じて、子供はいつの間にか英語のもつイントネーションを習得していく。

2 Let's Chant をする

　クラスの実態に合わせて再生速度を変えたり、カラオケ機能などを使ったりする。
　明確で確実なビートを定着させるためには、手拍子をしたり、机を軽くたたいたり、指をならしたりすると効果がある。

3 Enjoy Communication Step 3

活動のポイント：話すとき・聞くときに工夫したことを全体に共有する。

C1：Hello. I live in Okinawa in Japan.
I go to Irabujima Elementary School.
What is my treasure? Can you guess?
It's white. It's black. It's round.

C2：Is it a soccer ball?

C1：Yes, that's right. My treasure is this soccer ball.
Thank you for listening.

C3：Hello. I live in Miyakojima in Okinawa.
I go to Irabujima Elementary School.
I sometimes walk my dog on Sunday
mornings.
My treasure is my dog. It's cute.
Do you like dogs?

C4：Yes, I do. I like dogs.

3 Enjoy Communication Step 3 をする

What is my treasure?
Can you guess? It's…

　3人ずつのグループになり、「話す役」「聞く役」「見る役」に分かれて、「宝物紹介カード」を使って、「宝物」について伝え合う。すべての発表が終わったら、紙面に「話すときに工夫したこと」「聞くときに工夫したこと」を記入する。

4 Sounds and Letters（q） をする

　qの音は、舌の後ろの部分を口の奥につけて、息の通る道を完全に閉じた後に、勢いよく息を出して発声する。声は出さず「クッ、クッ」と息を出すことを、ALTなどのまねをさせながらくり返す。その後、教科書p.90の4線の上に文字を丁寧に書く活動も行う。

第7時 世界の人々の生活について考えよう

本時の目標

世界の人々の生活について考え、世界と日本の文化に対する理解を深める。

準備する物

・振り返りカード
・Small Talk で使う宝物（実物・写真）

本時の言語活動のポイント

本時では、Do you know? の紙面を見て"treasure"には「宝物」とは別に「大切なもの」という意味があることに気付く。そこで、「日常生活に欠かせないもの大切なもの」について考えさせ、やり取りをさせる。その際、"Why?"と質問したり、"Really?"など一言感想なども言ったりできるように促していきたい。

【「話すこと［やり取り］」の指導に生かす評価】

◎本時では、記録に残す評価は行わないが、目標に向けて指導を行う。子供の学習状況を記録に残さない活動や時間においても、教師が子供の学習状況を確認する。本時は、「日常生活に欠かせない大切なもの」についてやり取りを行うので、机間指導を行い、子供の伝えたい欲求に応えたい。

本時の展開 ▷▷▷

1 Let's Sing、Small Talk（宝物）をする

前時までに伝えられなかった相手とするように伝える。PD の p.26～27「日常生活」や「こんなときどう言うの？」を参照させてもよい。

2 Let's Chant、Do you know? をする

世界の人々の生活や大切なものについて考え、意見を発表させる。外国の学校への日本の協力について考えさせるとともに、マララ・ユスフザイさんの言葉の意味を考え、意見を発表させる。マララさんの文章を復唱させてもよい。

2 Do you know?

活動のポイント ： 学校に行けることが当たり前の子供たちが世界の実態を知り、厳しい
生活や環境の中でも一生懸命生きている、生きていこうとしている子
供たちの姿から、自身を振り返らせたい。

3 Challenge をする

「日常生活に欠かせないもの」という視点か
ら、My treasure を考えさせる（アクティビ
ティーシートあり）。ペアを替えながらやり取
りをしていき、中間指導を入れながら、活動し
ていく。

4 Sounds and Letters（r）をする

単語の最初の音が共通の単語を探す活動を通
じて、rの音を慣れ親しんでいく。唇を少し丸
め、舌の先を奥のほうに向けて巻き、声を出す
rの発音を、ALTなどのまねをさせながらくり
返す。その後、教科書p.90の書く活動を行う。

第8時 日本語と英語のちがいを知ろう

本時の目標

　短い話を聞いてその概要が分かるとともに、英語の主語"I"や日本語の主語の扱いについて知り、言語について理解を深める。

準備する物

- ・振り返りカード
- ・Who am I? クイズ
- ・ワークシート

本時の言語活動のポイント

　Who am I? クイズでは、今まで学習した日常生活や宝物などを表す表現を中心に聞かせるとよい。はじめはクラス内にいる子供の内容をクイズにする。次に子供がよく知っている先生やキャラクターを対象にすることで、必要な情報を聞き取ることにつなげる。

　また、クイズを出しているときでも、子供のつぶやきからやり取りをすることも大切である。

【「聞くこと」の指導に生かす評価】
◎本時では、目標に向けて指導は行うが、記録に残す評価は行わない。Who am I? クイズで子供が聞き取っている様子を観察し、気付いたことをメモし、次単元以降の指導に生かす。

本時の展開 ▷▷▷

1 Let's Sing、Let's Chant をする

　慣れてきたら、クラスをAとBの2つに分け、Aグループは1行目、Bグループは2行目など交互に言わせてもよい。また、動作や身振りなどを子供自ら考えるよう促すことで主体的な活動を展開することもできる。

2 Who am I? クイズをする

　子供がよく知っている校内の教師の日常生活や宝物などについてあらかじめ得ておいた情報を基に、教師がクイズを出す。子供は予想しながら聞き、小グループで話し合う時間を設け答えていく。He や She を用いて、ヒントを出していくのもよい。

3 ことば探検

活動のポイント：英語と日本語では主語の役割が異なることに着目させる。

〈スキットの例〉

① I'm home. & I'm hungry.

② Wash your hands!

③ Help me!

④ I can help you.
　Thank you.

---

3 ことば探検、ワークシートの2
をする

　日本語と英語を比べて気付いたことを右のメモ欄に記入する。気付いたことを発表させる。英語では、主語（ここではI）が必要だが、日本語では必ずしも必要がないことなどを子供から出させるようにする。教師が見本を見せて子供にスキットをさせるのもよい。

4 世界のすてき、Sounds and
Letters（Quiz ②）をする

　隣国の韓国についての映像や音声を視聴し、日本との違いやその国の特徴やよさなどを知る活動である。首都について問題に答えたり、分かったことなどを紙面に書き、発表させる。単に聞く活動に終わらせず、視聴した内容について教師とやり取りする。

第3時 Let's Try 2

活動の概要

　第3時において、Let's Listen 1 を行った後に行う。本時の目標に関わる活動であるため、教師と ALT などとのやり取りを見せ、活動の見通しをもたせる。普段することを尋ねるため、質問の内容はたくさん考えられるが、PD を参考にさせてもよい。また、平日を取り上げると同じ内容になってしまうので、週末の予定を尋ねさせるのがよい。

活動をスムーズに進めるための3つの手立て

① 掲示物の工夫	② PD も参照する	③ 他の表現も参照する
やり取りの参考になりそうなカレンダーや絵カードなどを準備しておく。	やり取りの参考になりそうな PD の「一日の生活」を参考にさせる。	2回目のやり取りの前に PD の「一日の時間」も参考にさせる。

活動前のやり取り例

T　　：What do you usually do on Sundays?
ALT：I usually play soccer on Sundays. How about you?
T　　：I usually walk my dog on Sundays. What do you usually on Saturdays?
ALT：I usually go fishing on Saturdays. How about you?
T　　：I usually watch a movie on Saturdays. How about you? What do you usually on Saturdays?
C 1　：I usually play volleyball on Saturdays.
T　　：Volleyball, nice. What do you usually do on Sundays?
C 2　：I usually wash the dishes on Sundays.
T　　：Wow, you are very helpful.

活動前のやり取りのポイント

What do you usually do on 〜?/I usually 〜. のやり取りを何度か聞かせた上で、子供に教師と一緒に尋ねさせたり言わせたりすることで、次のペアでのやり取りにつなげるようにする。教師が ALT などとやり取りをするときはカレンダーや絵カード、PD の「一日の生活」を指しながら、答えると子供も活動内容が分かりやすいだろう。

　第 3 時の終末に What do you usually do on 〜?/I usually 〜. のやり取りをペアで行う活動である。子供たちにとって普段していることを聞いたり答えたりすることはよくある会話であり、友達と話したい内容である。1 回目は週末に何をしているかやり取りをして、2 回目は週末の朝や月曜の夜などより具体的な時間帯でのやり取りをさせたい。

活動後のやり取り例

T　　: What do you usually do on Sunday mornings?
ALT : Sunday mornings? I usually cook breakfast on Sunday mornings.
T　　: I see. What do you usually do on Sunday mornings?
C 1 : I usually clean my room.
T　　: Nice. What do you usually do on Monday evenings?
ALT : I usually watch TV on Monday evenings.
T　　: What TV program do you watch?
ALT : I useally watch the news.
　　　 What do you usually do on Monday evenings?
C 2 : I usually do my homework on Monday evenings.

活動後のやり取りのポイント

What do you usually do on Sunday mornings?/I usually 〜. を何度か聞かせた上で、子供に教師と一緒に尋ねさせたり言わせたりすることで、次のペアでのやり取りにつなげるようにする。時間帯を加え、曜日を変えながらやり取りをさせていきたい。PD の「一日の時間」を参考にさせるとよい。

3

Let's go to Italy.

(8 時間) 【中心領域】読むこと、話すこと [やり取り]、書くこと

単元の目標

・ALT におすすめの国を紹介するために、その理由などについて、考えや気持ちを含めて書かれたものを読んだり、書いたり、伝え合ったりすることができる。

第1・2時	第3・4時
（第1小単元）導入	**（第2小単元）展開①**
様々な国や地域について、その特色を表す表現に出会い、単元ゴールへの見通しをもつ。	行きたい国について尋ねたり言ったりするとともに、ある国でできることを話したり書いたりする。
1　様々な国の言い方やそのよさを表す表現を知ろう 教師の Small Talk（What country? クイズ）により、本単元の題材を知る。Starting Out（No.1〜5）の音声や映像を視聴し、そのおおよその意味を捉え、本単元で扱う表現に出会う。ポインティング・ゲームで国名に慣れ親しんだ後、教師の話を聞き単元終末の活動への見通しをもつ。	**3　行きたい国をたずねたり答えたりしよう** Who am I? クイズや Let's Listen 1 の活動を通して、既習表現などを想起する。カード・ディスティニー・ゲームを通して、行きたい国を尋ねたり答えたりする表現に慣れ親しんだ後、Small Talk で、行きたい国を尋ね合う。PD を参照しながら、Let's Read and Write 1 に、国名とその様子を選んで書く。
2　行きたい国について話そう Starting Out（No.6〜10）の音声や映像を視聴した後、国旗クイズやポインティング・ゲームで国名の言い方に慣れ親しみ、Over the Horizon の Do you know? で世界遺産に触れる。教師（ALT）の話を聞き、本単元の言語活動のイメージをもつとともに、行きたい国について話す。	**4　ある国についてできることを話そう** Let's Listen 2 などの活動を通して、ある国でできることなど、特色を表す言い方に慣れ親しむ。Let's Try 2 では、ある国でできることを表す表現を使って尋ね合う。前時を受けて、Let's Read and Write 2 〜 4 をする。

本単元について

【単元の概要】

　Open the Door 1 最後の単元となる。子供たちはこれまでに、様々な題材をテーマに世界の国々の文化や生活などに触れてきた。本単元では、新たに、世界遺産や有名な建物、食べ物など国や地域の特色を扱う。映像の視聴などにより、体験的な理解を促し興味・関心を高め、広く世界に目を向けさせたい。そして ALT や校内の教師が外国に旅行したいか、どこの国がよいかという問いかけに応じる形で、おすすめの国を紹介し合う活動につなげ、単元終末には、自分の行きたいおすすめ国を伝え合う活動を設定した。多様な文化や考え方を尊重する心情を育てるとともに、自国や自分を改めて見つめ直す機会にもしたい。

【本単元で扱う主な語彙・表現】

《語彙》

国名（Egypt など）、食べ物（tom yum kung など）、世界遺産（Taj Mahal）、動作（buy, visit など）

《表現》

Where do you want go? I want to go to 〜.

《本単元で使う既習の語彙・表現》

国名（Brazil など）、様子（good など）、食べ物（rice など）、味（bitter など）

〜 is …. You can 〜. It's 〜. など

[知識・技能]：国や様子、食べ物、味、〜 is …. You can 〜. It's 〜.及び関連語句などを用いて、おすすめの国について読んだり伝え合ったり書いたりしている。

[思考・判断・表現]：相手や自分のおすすめの国を知り合うために、その理由などについて、考えや気持ちを含めて書かれたものを読んだり、書いたり、伝え合ったりしている。

[主体的に学習に取り組む態度]：相手や自分のおすすめの国を知り合うために、その理由などについて、考えや気持ちを含めて書かれたものを読んだり、書いたり、伝え合ったりしようとしている。

第5・6時	第7・8時
（第3小単元）展開②	（第4小単元）まとめ
おすすめの国をよく知ったり知ってもらったりするために、書いたり伝え合ったりする。	おすすめの国や行きたい国をよく知ったり知ってもらったりするために理由などについて伝え合う。
5　ある国について、できることや感想などを紹介し合おう What's this? クイズで前時を振り返り、様子などを表す語句に言い慣れる。Let's Try 3 では、ある国でできることとそれについての感想などを、例文を参考に書いたり紹介し合ったりする。「世界のすてき」（教科書 p.29）などを視聴し、オーストラリアへの理解を深め次時への意欲をもつ。 **6　おすすめの国とその理由などを書こう** 歌やチャンツを通して、おすすめの国を紹介する表現等について慣れ、映像を観てイメージをもつ。Enjoy Communication Step 1，2 と、PD を参照しながら、おすすめの国のポスター（もしくは旅先案内カード）を作成し、伝え合う準備をする。	**7　おすすめの国とその理由などを伝え合おう** Enjoy Communication Step 3 の活動を行う。「旅行代理店役」は、おすすめの国について紹介し、「客役」の子供は質問をしたり感想を言ったりして伝え合う。 **8　行きたいおすすめの国とその理由などを読んだり書いたりして伝え合おう** 前時までの活動を踏まえて、最終的に自分が行きたい国とその理由などを書き、伝え合う。日本の世界遺産や「食」の無形文化遺産について知る。

【主体的・対話的で深い学びの視点】

　世界の国々を扱う本単元は、視野が広がり知的好奇心が高まる6年生の子供の興味・関心や発達段階に適した題材であり、主体的な学びが促されると考える。社会科や総合的な学習の時間などと関連を図り、教科等横断的な視点に立ったダイナミックな単元づくりも可能であり活動内容の深まりが期待できる。まず、子供が、「聞きたい」「伝えたい」と能動的に学習に向かうようにし、Small Talk などの自力解決の場とともに、自分自身を振り返ることができる場面も設定する。さらに、教師や友達との対話を通して新しい考え方や表現、伝え方に出会わせ、それらを自己の学びにつなげようとする姿を求めたい。

【評価のポイント】

　本単元では、「読むこと」「話すこと［やり取り］」と「書くこと」の3領域について記録に残す評価を行うが、第5時までは、授業改善や子供の学習改善に生かすための評価をし、指導に重点を置く。つまり、どの子供も「おおむね満足できる」状況になった時点で、記録に残す評価を行うということである。「読むこと」は、書かれたシートを目的をもって読んでいる様子から、「話すこと［やり取り］」は、おすすめの国や行きたい国について伝え合う様子から、「書くこと」については、教科書やシートへの記述などから見取り、適切な評価を行う。

様々な国の言い方やそのよさを表す表現を知ろう

本時の目標

国名や地域、有名な建物などの言い方やできることとその様子や状態を表す表現について理解することができる。

準備する物

・国旗カード（掲示用）
・クイズ用写真
・デジタル教材
・Picture Dictionary
・振り返りカード

本時の言語活動のポイント

単元導入となる本時の言語活動のポイントとは、冒頭の教師の What country? クイズと Starting Out である。特に、冒頭のクイズでは、本単元の題材や方向性を示すとともに、子供たちの興味を引き、「おもしろそう」「やってみたい」という意欲を高め、主体的な学びを促す上で重要な意味をもつ。そのためにも、写真や ICT 機器を効果的に使ったり、教師が一方的に話すのではなく子供を巻き込んで話したりして、子供の心が世界へ広がるような豊かな場面の中で新しい表現と出会わせたい。

【「話すこと [やり取り]」の指導に生かす評価】

◎本時では、記録に残す評価は行わないが、目標に向けて指導を行う。子供の学習状況を記録に残さない活動や時間においても、教師が子供の学習状況を確認する。国名の他、本単元全体を通して重要な表現となる〜 is …. You can 〜. It's 〜. などをくり返し聞かせ理解できるようにする。

本時の展開 ▷▷▷

1 What country? クイズをする（2問程度）

"I like traveling. I like this country. Please guess." と言い、"You can 〜." "Do you like 〜?" などと写真を提示し子供とやり取りしながらヒントを出し国名を当てさせる。クイズ形式にすることで「聞く」必然性が生まれる。

2 Starting Out No. 1 〜 5 を聞く

紙面を示し、"Can you find my favorite country?" と ❶の活動からつなげるとよい。"What can you see?" と尋ね、子供から日本語で反応があれば、英語に言い換えて子供を巻き込み興味を引きながら「聞きたい」という気持ちを高める。その後音声、映像の視聴へとつなげる。

1 What country? クイズをする

活動のポイント ：本単元の題材や方向性を示すとともに、動機付けを図り表現と出会わせる。

〈授業の導入場面〉

3 Let's Try 1
ポインティング・ゲームをする

1、**2** の活動で導入した国の他に 3〜4 ヵ国を加え、国旗カードにより導入した後、本活動を行い表現に慣れ親しませる。PD もしくは子供用の国旗カードを使用し、子供は教師が言った国名をくり返して紙面を指す。教師が言うスピードや活動形態にも変化を付けたい（ペアなど）。

4 ゴールの共有をする、
Let's Sing をする

教師が写真とともに行きたい国とその理由を紹介し単元のゴールを子供と共有する。子供にも "Where do you want to go?" と尋ね、歌につなげる。「どんな言葉が聞こえるかな？」と、最初は音声だけを聞かせるとよい。途中で止めるなどして「聞けた」という成功体験を積ませたい。

行きたい国について話そう

本時の目標

行きたい国について話すことができる。

準備する物

- ・国旗、有名なものなどの絵カード（掲示用）
- ・デジタル教材
- ・センテンスカード（掲示用）
- ・Picture Dictionary
- ・振り返りカード

本時の言語活動のポイント

　前時に各国の特色として扱った食べ物を受けて、好きな食べ物を話題として提供する。教師（同士）が "I like *gyoza*. How about you? It's good." などと既習の表現などで会話し、教師と子供、子供同士のやり取りへとつなげる。また、本時には、ペアで行きたい国を話す活動を設定している。第1時から耳にしている I want to go to ～. という表現であるが、子供はここで初めて「使う」ことになる。「使う」ことにより子供は言葉の意味を理解し、自己の課題にも気付き、主体的な学びが促されるであろう。

【「話すこと［やり取り］」の指導に生かす評価】

◎本時では、記録に残す評価は行わないが、目標に向けて指導を行う。
- ・行きたい国について話す活動を中心に見取る。まだ十分に慣れていない段階であるので、必要に応じて活動を止めて全体に指導したり、個別支援をしたりして、子供の学習改善につなげる。

本時の展開 ▷▷▷

1 Small Talk
好きな食べ物について話す

　第1時に各国の特色として扱った、食べ物をテーマとする。モデルを見せた後、子供同士の活動へ移る。その後、できれば全体で「言えなくて困ったこと」などを共有して、どう言えばよいのかを全体で学び合う時間とする。それを踏まえ相手を替え、もう一度行うとよい。

2 国旗クイズ、
ポインティング・ゲームをする

　前時を想起させるため、封筒の中に国旗カードを入れて、"What country is this?" と尋ね、It ～（国旗の色など）. You can ～. などのヒントを出したり、封筒から国旗の一部を見せたりする。その後、「メトロラーニング」やポインティング・ゲームなどで国名に慣れさせる。

前時の活動を踏まえ国旗やその国の
有名なものなどを整理して並べる。

Unit3　Let's go to Italy.　世界を旅しよう

めあて　行きたい国について話そう

Where do you want to go?

I want to go to

Itary　China　India

I want to see

I want to eat

---

3 Over the Horizon：Do you know? をする

　可能であれば Starting Out や教科書 p.28に掲載
されているもの以外にも世界遺産の写真を用意
したい。写真を映して子供とやり取りしながら
紹介する。単元ゴールに向けて、広く世界に目
を向けさせ活動への意欲を高めたい。社会科な
どとの関連を図ると活動内容にも深まりが出る。

4 教師が行きたい国について話し、子供同士が話す

　子供たちの海外の国々への興味・関心が徐々
に高まっていると考える。ここで、ALT（第1時
とは違う教師）が行きたい国と理由を伝えてモデ
ルを示し、子供同士の言語活動につなげる。ペ
アになり、I want to go to 〜. Why? I want eat/
see 〜. I like 〜. などの表現を使って話す。

行きたい国をたずねたり答えたりしよう

本時の目標

行きたい国を尋ねたり答えたりすることができる。

準備する物

- 国旗カード（掲示用）＋児童用（小）
- クイズ用写真
- デジタル教材
- Picture Dictionary
- 振り返りカード

本時の言語活動のポイント

本時には、行きたい国について尋ねたり答えたりする Small Talk を設定している。第1時から何度も聞き、歌の中でも慣れ親しんできている表現を、子供たちは、自分の言葉として使うことになる。前回同様、まず、教師が I want to go to ～. I like ～. I want to eat ～. I want to see ～. How about you? Where do you want to go? などと子供を巻き込みながら話題を提供し、子供同士の活動へとつなげる。可能であれば2回行い、途中で中間評価を入れ、学びを共有する時間を設けたい。

【「話すこと［やり取り］」の指導に生かす評価】

◎本時では、記録に残す評価は行わないが、目標に向けて指導を行う。
- Small Talk の活動状況を観察し、「努力を要する」状況にある子供がいる場合には、必要に応じて、全体あるいは個別に指導・支援を行い学習改善につなげる。また、継続して見取っていく。

本時の展開 ▷▷▷

1 Who am I? クイズをする（2問程度）

あっ、○○先生！

本時後半の Small Talk で使う表現を何度も聞かせ、想起させることがねらいとなる。聞こうとする姿勢を促すためにクイズ形式にする。「誰か」を知るという目的のために、I want to see soccer games. などの情報を整理しながら聞き取る。想像を働かせながら楽しく活動させたい。

2 カード・ディスティニー・ゲームをする

Where do you want to go?

国旗小カード（10枚程度）をペアに1セット用意し同数を分けて持つ。子供全員に Where do you want to go? と尋ねさせ、教師は I want to go to ～. と言う。その国旗を持っている子供は、Oh、～!, You want to go to ～. などと言いカードを置く。なくなればあがり。

2 カード・ディスティニー・ゲームをする

活動のポイント：**3** の言語活動を支える大切な活動であるという意識をもち、単なる「練習」で終わらせることがないようにする。

> Please ask me!
> Where do you want to go?
> I want to go to France!
> Oh France! Me, too.

Where do you want to go? や I want to go to 〜. の表現を何度も聞いたり言ったりすることができ、子供同士の触れ合いも生まれる。

---

3 Small Talk ② （教科書 p.24）

> Hello! Where do you want to go?
> I want to go to America. I like hamburgers.

2 の国旗カードを見せながら数名の子供に "Where do you want to go? Why?" などと尋ねてモデルを示し子供同士の会話につなげる。「行きたい理由も言えるといいね」などと声をかけ、実態により、前時で扱った eat/see/visit の表現を想起させた後、活動に移ってもよい。

---

4 Let's Read and Write 1 （教科書 p.87）

> Italy is a nice country.
> Italy is a nice country.
> 文末はピリオド

機械的に書くのではなく、文字に子供の心が乗るようにと、第 3 時に設定した。様々な活動を通して世界の国々についての理解が深まり、音声で十分慣れ親しんでいるため、例文を画面で見せ、"Can you read it?" などと尋ねてもよい。活動前に教科書 p.32 を確認し、丁寧に書かせたい。

ある国についてできることを話そう

本時の目標

　ある国についてできることを話すことができる。

準備する物

・国旗、有名なものの絵カード（掲示用）
・デジタル教材
・Picture Dictionary
・振り返りカード

本時の言語活動のポイント

　本時前半には、ある国についてできることやその状態などについて聞く活動 Let's Listen 1, 2 を設定している。いずれもクイズ形式になっているため、聞くことの必然性が生まれ、意欲の高まりが予想される。深い学びを実現するには、まず活動に主体的に向かわせたい。

　前半の聞く活動を Let's Try 2 につなげる。しかし、個人差を考えて、その間に練習的な活動を入れることも考えられる。子供の実態に応じた配慮、指導・支援が、一人一人の資質・能力を高めていくことになる。

【「話すこと［やり取り］」の指導に生かす評価】

◎本時では、記録に残す評価は行わないが、目標に向けて指導を行う。
・ある国でできることについてやり取りする活動を中心に見取り、学習状況を確認する。それを教師の授業改善、子供の学習改善につなげることが大切である。

本時の展開 ▷▷▷

1 Let's Listen 2 をする

　Let's Listen 1 に続いて行う。それぞれの国でできることが含まれており、後の話す活動に生きてくる。まず紙面を見て "What can you see?" などと尋ね、示された情報について共有する。既知の事項のため、答えを推測させた後に音声を聞かせてもよい。子供の実態に配慮したい。

2 ポインティング・ゲームもしくはぴったりゲームをする

　1の後に "Let's review!" などと言い、これまでに学習した国名やできることを確認しながら黒板に整理して掲示する。その後、PD（p.16）を活用したポインティング・ゲームあるいはぴったりゲームなど、表現に慣れ親しむ活動を行い、次の言語活動につなげる方法もある。

2 ぴったりゲームをする

活動のポイント：くり返し好きな理由を尋ねたり答えたりするので、聞き慣れたり言い慣れたりできる。全員で声を揃えてリズムよく行うのがコツ。

前に挙げられた、見たいもの、食べたいもの、行きたい場所などの中から選択して言う楽しさもある。ぴったり合えば、High five!　触れ合いも生まれる活動である。

3 Let's Try 2
友達とペアで尋ね合う（別案）

　Let's Listen 2 の内容から尋ね合うのもよいが、自由に選択させると一層楽しく、活動も主体的となる。PD（p.16）などを見ながら、A 児が "What country do you like?" と尋ね、B 児が "（Please guess.）You can see pandas." などヒントを出す。A 児は、"China!" と国旗を指し、役割を交代する。

4 Let's Read and Write 2 ～ 4
をする

　子供は、You can see/eat～. などの表現に十分に慣れ親しんでいると思われるので 1 ～ 4 を同時に扱ってもよい。例文を参考に教科書や PD を参照して、適切な語句を選ばせたい。数名の文を映して読んだり、ペアで読み合ったりすることも可能。実態により柔軟に活動を組みたい。

ある国について、できることや感想などを紹介し合おう

本時の目標

　ある国について、できることや様子・感想などを書いたり紹介し合ったりすることができる。

準備する物

・国旗カード（掲示用）
・有名な動物などの絵カード（掲示用）
・デジタル教材
・Picture Dictionary
・振り返りカード

本時の言語活動のポイント

　本時の中心となるのが、Let's Try 3 の活動である。事前に調べてきたことや例文を基に、PD を参照しながら国名とその国でできること、様子や感想などを書く。次に、紹介し合う活動に移るが、その際、教科書に記述したことだけを話すのではなく、言葉を付け足したり問いかけたり、相手の話に反応を返したり質問をしたりして豊かな言語活動になるようにしたい。教師がモデルを示すことはもとより、中間指導の際、全体に好例を紹介するなどして、子供自身の自己調整を促すようにする。

【「話すこと［やり取り］」「書くこと」の記録に残す評価】

◎ある国について、できることや様子・感想などを伝え合っている。〈行動観察〉
◎国名やその国でできることについて、語句を書き写している。〈行動観察・作品〉
・Let's Try 3 で語句や表現を書き写す様子や伝え合っている様子を見取り記録を残す（知・技）。

本時の展開 ▷▷▷

1 What's this? クイズをして、様子などを表す語句に言い慣れる

　前時を想起させる導入には様々な方法がある。例えば、教師がある国の有名なものをWhat's this? クイズにする。ヒントには、国名や It's 〜などの表現を入れ、様子などを表す語句の練習につなげる。「どうぐばこ」のリズムボックスの活用などで活動に変化を付けたい。

2 Let's Try 3 できることや感想を書く

　Starting Out や PD（p.16）から国名や語句を選ばせてもよいが、可能であれば、他教科等と関連させ、子供に事前に調べさせるとよい。そうすることで、子供はより興味のある国や地域が選択でき、主体的な活動が期待できる。書くときのルール（教科書 p.32）も再確認させたい。

4 教師がおすすめの国について紹介する

活動のポイント：次時で子供が作成する旅先案内ポスターを使って、子供に期待したい活動を、実際に子供を巻き込みながら教師が示す。

T：Hello.
C ALL：Hello.
T：Canada is a nice country.
C1：Yes!
T：In Canada you can see the nice castles.
　　And you can see the Niagara Falls.
　　Is it beautiful?
C1：Yes. Beautiful.
T：It's World Heritage.
　　What's this?（ポスターを指す）
C3：サーモン？
T：Yes. Salmon. You can eat salmon.
　　It's delicious. Do you like salmon?
C4：Yes, I do. I like salmon.

3 Let's Try 3　伝え合う

2で記述した内容を基に、自分の好きな（興味のある）国について伝え合う。書いてあることだけを話すのではなく、言葉を付け足したり、相手の話に反応を返したり質問をしたりして豊かな言語活動を目指したい。中間指導を行い、課題や好例を共有し活動改善を図る。

4 Let's Travel!
教師がおすすめの国を紹介する

　Lets't Travel! の映像を視聴させる。あえて It has many beautiful beaches. の部分から見せてどこの国か考えさせるなど、子供の実態に合わせてより意欲的に視聴できるように工夫する。最後に、教師のおすすめの国を紹介し、次時の活動のイメージをもたせる。

おすすめの国とその理由などを書こう

本時の目標

自分のおすすめの国をよく知ってもらうために、その理由などについて書いている。

準備する物

・国旗、有名なもの絵カード（掲示用）
・デジタル教材
・ワークシートまたは短冊、画用紙など
・Picture Dictionary
・振り返りカード

本時の言語活動のポイント

本時では、「おすすめの国をよく知ってもらう」という目的のために、「書くこと」の言語活動が中心となる。相手によく伝わるためには、どんな内容（語句や表現）を、どのような順序で、どのように書くとよいかなど、課題意識をもって活動に臨ませたい。教科書ではまず個人で活動するようになっているが、個人差があり特別な配慮が必要な子供がいる場合には、グループで行う方法も考えられる。紹介することをグループで話し合い、分担して書く。「知識・技能」「主体的に学習に取り組む態度」の観点から見取りたい。

【「書くこと」の指導に生かす評価】

◎目標に向けて指導を行うが、記録に残す評価は行わない。自分のおすすめの国をよく知ってもらうために、その理由などについて書いている様子を観察し、気付いたことをメモしておく。

本時の展開 ▷▷▷

1 Let's Sing "Where do you want to go?"、Let's Chant

楽しく表現に慣れ親しむことができる歌やチャンツであるが、変化を付けることで意欲もさらに高まる。速度を変えたり、教師と子供が掛け合いで歌ったり、子供たちと考えた歌詞に変えたりする。知的好奇心が高まる子供の実態を考慮し、活動に工夫を加えたい。

2 Enjoy communication Step 3 発表モデル映像を視聴する

前時に希望を取り、調整した上でおすすめの国紹介のグループを決め、紹介したいことを考えさせておく。教師が前時に使用した「旅先案内カード」を提示して活動への意欲を高めた後、紹介の仕方や紹介シート作成のイメージをもたせるため、モデル映像を視聴させる。

3 紹介シートを作る

活動のポイント：６年生になると個人差も大きくなるため、グループ活動を取り入れ、個人への負荷を軽減し、達成感をもたせることができる。

_____

_____ is a

You can see _____

It's _____

まだ書くことに慣れていない子のために、文の一部を印字した短冊シートを用意する。PD に言いたい表現がない場合は和英辞典などで主体的な学習を促したい。

---

3 Enjoy Communication Step 1, Step 2　紹介シートを作る

nice がいいよ。

カレーが入ってないよ。

グループに分かれ、音声に十分慣れ親しんでいる段階の Step 1 の４文を読ませ、その後音声を聞かせる。書きためてきた「わたしのせりふ」（教科書 p.87）も読み直し、それらを参考にして、おすすめの国の紹介内容や紹介文を考える。分担し、各自が言いたいことを書くとよい。

4 おすすめの国紹介シートを完成させる

America
Let's go!!

Travel Agency

各自が持ち寄った写真を使ったり、イラストを描いたりしてシートを完成させる。国名の他に、紹介したいものにも４線に文字を書いたカードを付けるなど、自由にアイデアを出し合い、主体的な活動となるようにしたい。紹介シートが完成したグループから、発表の練習を行う。

おすすめの国とその理由などを伝え合おう

本時の目標

相手や自分のおすすめの国をよく知ったり知ってもらったりするために、理由などについて考えや気持ちを含めて伝え合うことができる。

本時の言語活動のポイント

第1時からの様々な体験や学びを生かして、本時では、おすすめの国を伝え合う。前時で作成したポスターを活用しながら、豊かなやり取りとなるようにする。そのためには、まず活動をさせ、途中で一旦止めて行う中間指導が大きな鍵となる。そこでは、「○○のために」という目的をくり返し意識させ、話し方、聞き方に加え、会話を継続したり広げたりする言葉についても確認する。

準備する物

・国旗カード、有名なものの絵カード (掲示用)
・発表用ポスター (教師用、児童用)
・デジタル教材
・Picture Dictionary
・振り返りカード

【「話すこと [やり取り]」の記録に残す評価】

◎相手や自分のおすすめの国をよく知ったり知ってもらったりするために、その理由などについて考えや気持ちを含めて伝え合っている。〈行動観察、振り返りカード〉
・おすすめの国を伝え合っている様子を見取り評価を記録に残す (思・判・表) (態)。

本時の展開 ▷▷▷

1 気を付けたり工夫したりすることなどを話し合う

ALT が紹介シート (または学級担任が前時に見せた物) を使ってモデルを示したり、教科書のモデル映像を再度見せたりして子供の意欲を高め、伝え合いにつなげる。相手のおすすめの国をよく知るためには質問が大切であることなどを確認しておく。

2 おすすめの国を伝え合う (前半)

活動形態は、学級の実態に合わせる。例えば、おすすめの国を紹介するグループを前半と後半に分け、後半のグループは、聞き手として様々なグループを回る。または、1グループずつ前で発表する。教師は、全体に目を配り計画的に評価を進めたい。

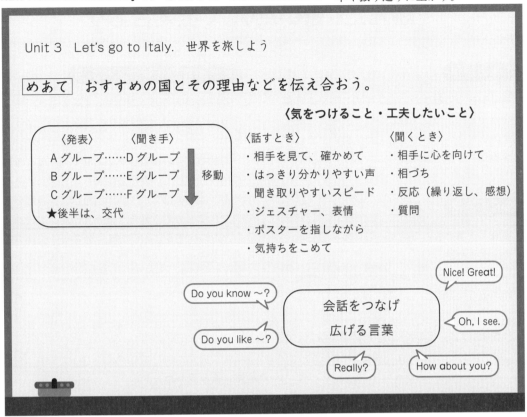

3 中間指導をして後半の活動を行う

　活動を一旦止め、前半の活動を振り返る中間指導をする。目標に照らして、うまくいったこと、困ったことなどを共有させたり、教師が見付けた好例を紹介したり、教師が改善点について指導をしたりする。子供のメタ認知や自己調整を促し、学習改善につなげたい。

4 本時を振り返る

　振り返りカードを書く際、子供は客観的に自分を振り返る。これが主体的な学びを促す上で重要なポイントになる。特に、自由記述欄では、教師が授業中に気付けなかった子供の姿が見えたりする。自己の成長への気付きや課題などが記され、評価や指導改善への貴重な資料となる。

第8時 行きたいおすすめの国とその理由などを読んだり書いたりして伝え合おう

本時の目標

相手や自分の行きたいおすすめの国をよく知り合うために、理由などについて、考えや気持ちを含めて書いたものを読んだり書いたりして伝え合うことができる。

準備する物

- 国旗、有名なものの絵カード（掲示用）
- デジタル教材
- ワークシートまたは旅先案内カード　巻末
- Picture Dictionary　・振り返りカード

本時の言語活動のポイント

単元最終となる本時では、「話すこと［やり取り］」「読むこと」「書くこと」との言語活動が中心となる。第2時に自分の行きたい国について話し、その後も様々な活動を通して、世界の国々についての理解が深まったと思われる。また、前時にはおすすめの国を伝え合っているので、まとめの活動を「自分」に戻し、改めて「おすすめの国」とその理由を考えや気持ちを含めて伝え合う活動を設定した。言葉に心をのせて伝える経験が言葉への理解を深め、使う楽しさを実感させていく。

【「読むこと」「書くこと」の記録に残す評価】

◎相手や自分のおすすめの国をよく知ったり知ってもらったりするために、理由などについて、考えや気持ちを含めて書かれたものを読んだり書いたりしている。〈行動観察・作品・振り返りカード〉
・子供の様子を3観点から評価し、記録に残す。

本時の展開 ▷▷▷

1 前時の振り返りカードを紹介する

前時の振り返りカードの中から、本時のねらいにつながるようなものを紹介し、活動の方向性を示すとともに意欲付けを図る。一人の学びを共有することで、学級全体に学びが広がり深まっていく。アクティブ・ラーニングの視点からも「学び合い」を大切にしたい。

2 旅先案内カードを作成する

第2時におすすめの国を話す活動をしたが、その後の学習を通して考えに変化が生まれた子供もいるであろう。単元最後の活動として、改めて子供におすすめの国を問い、より適切な言葉で旅先案内カードを作成させ、互いにカードを読み合う。

3 自分が行きたい国を理由とともに伝え合う

> 活動のポイント：単元最終の時間のため、言語活動のまとめとなる豊かなやり取りをさせたい。表現を覚えた形式的なやり取りではなく、互いの感想や質問も交えながら伝え合う喜びが実感できるような経験を積ませたい。

C1：Hello.
C2：Hello!
C1：This is Italy. It's a nice country.
C2：Why?
C1：You can see the Colosseum.
C2：I see. It's big.
C1：Yes. It's big. It's World Heritage.
　　And you can eat nice pizza.
　　Do you like pizza?
C2：Yes, I do. How about you?
C1：I like pizza, too. It's delicious.
C2：Ok. Thank you.
C1：How about you?
C2：America is … (話し手を交替して続ける)

---

3 自分のおすすめの国を理由とともに伝え合う

　カードを見せながらやり取りする。これまでの学習から各国への理解も深まり、I want to 〜. という表現にも実感がこもるであろう。言葉に心を乗せて話す経験が、言葉を使う楽しさを実感させコミュニケーションへの積極性を生む。子供の心の動きを大切にして授業を創りたい。

4 日本を知る（世界遺産など）

　世界の国々のよさに触れることが、改めて自国を見直す機会にもなる。ここでは、自分たちが住む日本に目を向けさせる。教科書の資料だけでなく、様々なサイトの映像も活用して子供に提示したい。それぞれの国特有の歴史や文化を尊重する心情を高め、まとめとしたい。

第7時 おすすめの国を伝え合う

活動の概要

子供たちは本時に至るまでに、様々な国や地域にある世界遺産や有名な建物、食べ物などに、映像や写真などで触れ理解を深めてきている。また、行きたい国を尋ねたり答えたり、その国でできることを話したりする活動を通して、徐々に思いが世界に広がりつつあるだろう。本時では、これまでの学習などで得た知識・情報などを基に、おすすめの国をグループで紹介し合う。会話をつないだり広げたりする表現も交えながら、伝え合うことの楽しさを実感させたい。

活動をスムーズに進めるための3つの手立て

①目的や場面、状況の確認	②活動（見取りと支援）	③中間指導
ALTのために「おすすめの国を伝え合う」というねらいを確認する。	グループで紹介し合う。その様子を見取り評価する。必要な指導・支援を行う。	前半の活動を振り返り、好例や課題を取り上げ、自己調整を促し学習改善につなげる。

活動前のやり取り例

学級担任は用意した紹介シートを使い、ALTと子供に向けて紹介する。

HRT	: Hello. This is China. China is a nice country.
ALT&C All	: Why?
HRT	: OK. You can see the Great Wall.
ALT	: What's this?
HRT	: It's a long and old wall. It's World Heritage.
ALT	: I see.
HRT	: And you can see pandas. Oh, You like pandas?
C All	: Yes, I do. How about you?
ALT	: Yes, me, too. They are cute.

活動前のやり取りのポイント

子供がおすすめの国を伝え合う活動の前に行う。モデルを示し、活動へのイメージをもたせ意欲付けを図ることがねらいとなる。ここで大切なことは、あまり型にはめないこと、そしてやり取りをしながら紹介している様子を見せることである。

　第6時には、紹介する言葉を考え、おすすめの国紹介シートを作成しており、活動への意欲も高まっていると思われる。その思いを言葉にのせて伝え合い、コミュニケーションの楽しさを実感させる機会としたい。その際、「おすすめの国のよさを伝え合う」というねらいを意識させ、よさを伝えたり知ったりするための話し方、聞き方を工夫させるようにする。自己調整、学習改善につなげるための中間評価も大切なポイントである。

活動後のやり取り例

グループ活動後、全体の前で代表グループ（G）が発表し、教師が入ってやり取りする。

G All： France is a nice country.
T 　　： France? Why do you like France?
G 1 　： France is a wonderful country.
G 2 　： You can see the Eiffel Tower. It's tall.
T 　　： Yes, it's great.（他の子供：Yes!）
G 3 　： You can eat macaroons. They are colorful.
T 　　： Oh, I see. They look delicious.（写真を指して）○○さん、Do you like them?（聞き手に振る）
C 4 　： Yes! I want to eat macaroons.
G 5 　： Thank you for listening.

活動後のやり取りのポイント

「話し手」や「聞き手」のモデルを示すねらいがある。代表グループから相手を意識した話し方の工夫などを学ぶ機会にする。また、教師が「聞き手」になることで、反応したり感想を言ったり、質問したりすることが、会話を深めたり広げたりすることにつながることにも気付かせたい。教師の意図的な指導、温かい支援や積極的な称賛が、子供の自信や意欲を育てていく。

1

Check Your Steps

（2 時間）【中心領域】話すこと［発表］

単元の目標

・外国の人にメッセージを伝えるために、自分の名前や好きなもの・こと、日常生活、宝物、行ってみたい国などについて、自分の考えや気持ちなどを話すことができる。

単元計画

これまでの学習内容

◉ Unit 1 This is me!

I'm 〜. I'm from 〜. I like 〜. My birthday is 〜. などを用いて、名前や好きなもの・こと、誕生日などについて伝え合う。

◉ Unit 2 How is your school life?

I live in 〜. I go to 〜. I usually 〜. My treasure is 〜. などを用いて、世界の子供たちや自分たちの日常生活などについて伝え合う。

◉ Unit 3 Let's go to Italy.

〜 is a … country. You can 〜. It's 〜. などを用いて、行ってみたいおすすめの国や地域とその理由などについて伝え合う。

Unit 1 〜 3 の学習内容（指導してきたこと）を総括的に評価し、指導改善や学習改善に生かすために、Check Your Steps（2 時間扱い）を設定

本単元について

【単元の概要】

　本単元では、これまでに学習した表現などを使って、外国の人（ALT など。遠隔で校外の人に伝えることも考えられる）に向けて自分のことを話す準備をし、スピーチをする。6 年生になって、5 年生時に比べて使える語句や表現が増えていることを実感させながら、機械的に暗記して話すのではなく、相手に自分のことを知ってもらったり相手のことを知ったりすることへの意欲をもって取り組ませる。また、準備したものを話すだけでなく、発表後に簡単な質問にその場で答える機会も加えるようにする。

【本活動で想定される言語材料】

《語彙》

動物（bear など）、乗り物（bus など）、1 日の時間（morning など）、日常生活（ball など）、国（America など）、様子（good など）、食べ物（rice など）、味など（bitter など）

《表現》

(Unit 1) I'm 〜. I'm from 〜. I can speak 〜.
　　　　　I have 〜. Do you like 〜? I like 〜.
　　　　　My favorite sport is 〜. I want to be 〜.
(Unit 2) I live in 〜. I go to 〜. I usually 〜.
　　　　　My treasure is 〜.
(Unit 3) 〜 is a … country. You can see 〜.
　　　　　You can eat 〜. It's 〜.

単元の評価規準

［知識・技能］：Unit 1～3で学習した表現などについて、理解しているとともに、自分の名前や好きなもの・こと、日常生活、宝物、行ってみたい国などについて、自分の考えや気持ちなどを話す技能を身に付けている。

［思考・判断・表現］：外国の人にメッセージを伝えるために、自分の名前や好きなもの・こと、日常生活、宝物、行ってみたい国などについて、自分の考えや気持ちなどを話している。

［主体的に学習に取り組む態度］：外国の人にメッセージを伝えるために、自分の名前や好きなもの・こと、日常生活、宝物、行ってみたい国などについて、自分の考えや気持ちなどを話そうとしている。

第1時	第2時
導入	展開
外国の人にメッセージを伝えるスピーチの準備をする。	外国の人にメッセージを伝えるスピーチをする。
HOP：これからの学習の見通しをもとう 　「外国の人にメッセージを伝える」という課題を確認し、「自分のことをよく知ってもらう」という目的意識をもたせ、これまで作成したワークシートや教科書などを参考に既習の語句や表現を振り返らせる。 　メッセージカードには、例文を参考にして、一番伝えたいメッセージ文を丁寧に書くようにする。なお、音声面を重視し、ここでは絵だけを準備させ、スピーチを終えてから文を書かせることもできる。 **STEP：スピーチの内容を考え、準備をしよう** 　教科書やワークシートなどを参考にして、既習の表現を振り返り、自分で選択しながら内容を組み立てる。内容が決まり、メッセージカードができたら、声に出して練習をする。また、カードの見せ方も工夫する。	**JUMP：ALTに向けてスピーチしよう** 　「外国の人にメッセージを伝える」という目的を確認し、友達のアドバイスや教師の実演などを参考に、各自でスピーチのリハーサルをする。 　学級の規模に合わせて、時間配分を決めてスピーチを始める。スピーチの実施方法については、①学級全体の前で行う方法、②ALTなどと1対1の対面で行う方法等があり、教師のねらいや学級の規模、実態に合わせて行う。 　6年生では、一方的な発表だけで終わらず、加えてその場での聞き手と何らかのやり取りも経験させる。ALTを活用する場合は、事前に質問内容や支援について打合せしておく。スピーチ後には、活動を振り返らせる。

【主体的・対話的で深い学びの視点】

　5年生で行ってきたパフォーマンス評価の経験を生かし、発表の仕方や内容をよりよくしようと自己調整を図る機会とする。スピーチの際には、「相手に伝える」ことを意識させ、相手の反応を確認しながらスピーチをし、必要に応じてくり返し言ったり補足したりするなど、生きたコミュニケーションの力につなげるようにする。

　外国の人（ALT）と個別に話すことは、子供にとって貴重な機会である。一方的にメッセージを伝えるだけでなく、簡単なやり取りを通じて「自分の英語が伝わる」という実感をもたせ、次の英語学習への意欲につなげたい。

【評価のポイント】

　本活動は、相手に自分のことをよりよく知ってもらうためにメッセージを伝えるという目的をもって、これまで学習したことを活用する機会であり、スピーチの状況を教師が見取る総括的評価の場面である。パフォーマンス評価では、コミュニケーションを行う目的や場面、状況などを設定し、評価規準を基に行う目指す姿を子供と共有することが大切である。また、実際のスピーチの場面だけでなく、それまでの準備段階で話の構成を組み立てる過程についても評価する。事後の振り返りでは、自分のよさや、課題に気付かせ、次に生かすことで、自己調整をくり返しながら学びを継続できるようにする。

第1時 外国の人にメッセージを伝える スピーチの準備をしよう

本時の目標

学習した語句や表現を使って、内容を整理して外国の人にメッセージを伝えるスピーチを考えることができる。

準備する物

・指導者用デジタルブック
・Picture Dictionary
・メッセージカード用の紙
・色鉛筆
・振り返りカード

本時の言語活動のポイント

目的・場面・状況を設定し、「外国の人にメッセージを伝えたい」「自分の考えや気持ちを知ってもらいたい」という目的意識をもたせることがポイントである。ALT など、伝える相手を具体的に設定することで、明確なイメージをもって準備できるであろう。また、一方向のスピーチではなく、話す内容に質問を加えてみようと投げかけることで、スピーチの内容もさらに豊かになると考えられる。また、メッセージカードを作る際には、話す内容に合わせて絵で表し、効果的な活用の仕方を考えさせる。

【「話すこと［発表］」の指導に生かす評価】

◎子供がスピーチの準備や練習をする様子を中心に見取る。次時に目標に到達できないことが予想される子には、一緒に発表内容を考えるなど個別に支援する。

本時の展開 ▷▷▷

1 Let's Chant、学習の見通しをもつ

「外国の人にメッセージを伝える」という目的意識をもたせる大切な導入場面である。Unit 1〜3を振り返ったり、モデル映像を視聴したりして、学習の見通しをもたせる。5年生時の自分のスピーチのよい点や課題を振り返らせて、より表現の幅を広げることを意識させる。

2 これまでの学習を振り返り、メッセージの内容を考える

教師がスピーチ例を見せる。「わたしのせりふ」から表現を選んだり、組み合わせたりできることを助言し、これまでの学習を振り返りながらスピーチの内容や構成を考える。声に出しながら話したいことを選んでもよい。

4 スピーチの練習をする

活動のポイント ：各自で声に出して言う練習をしたら、ペアで見せ合って分かりにくいところを伝えたり、工夫を考えたりしながらアドバイスし合う。

3 外国の人にメッセージを伝える
スピーチの準備をする

スピーチの内容に合わせてメッセージカードを作成する。単語や文を書く際には、教科書やPDで確認させる。相手にメッセージを伝えるためにカードの効果的な提示方法も考えさせる。音声面を重視し、ここでは絵だけを描かせ、スピーチ後に文を書くことも考えられる。

4 スピーチの練習をして
次時に向けて順番を決める

考えたスピーチとカードを基に、各自声に出して練習をする。ペアで見合い、アドバイスし合ったり、よいところを取り入れたりするよう伝える。カードの持ち方や見せるタイミングなど、カードの効果的な提示方法についても、スピーチの内容や構成と併せて検討させる。

第2時 外国の人にメッセージを伝える スピーチをしよう

本時の目標

外国の人にメッセージを伝えるために、スピーチの内容を整理して自分の考えや気持ちを話すことができる。

準備する物

- 指導者用デジタルブック
- メッセージカード
- 自己評価の観点（掲示用）
- 振り返りカード

本時の言語活動のポイント

スピーチの実施方法については、様々考えられるが、できる限り、身近な外国人であるALTと1対1で直接話す場を設定する。周りの目を気にすることなく、一人一人の英語を使う状況を確認できると思われる。また相手の表情を見て、伝わっているかを確かめながら話す機会とする。6年生という段階を踏まえ、一方的なスピーチで終わらずに、簡単な質疑応答を加え、その場での聞き手とのやり取りも行うようにする。場合によっては、ICTを活用して遠隔で実施することも考えられる。

【「話すこと［発表］」の記録に残す評価】

◎外国の人にメッセージを伝えるために、好きなものやこと、日常生活、行きたい国などについて、自分の考えや気持ちなどを話している。〈行動観察〉

・外国の人にスピーチをしている様子を3観点から観察し、評価の記録を残す。

本時の展開 ▷▷▷

1 Let's Chant、スピーチの仕方を確認する

Unit 1〜3のチャンツで既習の表現を確認する。教師がスピーチの例を見せて参考にさせる。子供たちには、型どおりにスピーチをするのではなく、自分の考えや気持ちなどを自分らしく工夫して表現するよう伝える。

2 スピーチの練習をする

改めて目的や場面、状況を確認した上で、スピーチに向けた最後のリハーサルを行う。前時の友達との見せ合いや教師のスピーチ例などを参考に、相手に伝わるスピーチを目指して取り組めるように助言する。練習時間を確保することで、一人一人に自信をもたせる。

4 フィードバックをする

　活動のポイント ：内容のまとまりのある話し方をしているスピーチをよい例として取り上げ、気付かせる。

3 「外国の人にメッセージを伝える」スピーチをする

　子供が一人ずつ、外国の人にメッセージを伝えるスピーチをする。教師は、評価規準に基づいて評価をするだけでなく、一人一人の個性や頑張りを認める個人内評価も行い、スピーチ後にその場でフィードバックする。また、事後指導で紹介するためのよい例をメモしておく。

4 フィードバックをする

　よかった例を次回の Check Your Steps 2 で生かせるように全体に共有する。教師がよい例とそうでない例を両方やって見せ、子供に気付かせることで、次回のスピーチの参考にさせる。また、スピーチ前にメッセージ文を書かせていなかった場合は、例文を参考にして書く時間をとる。

Summer Vacations in the World.

〔8時間〕【中心領域】聞くこと、話すこと［発表］

単元の目標

・互いのことをよく知り合うために、夏休みの思い出を紹介することなどについて、短い話を聞いてその概要が分かったり、話したりすることができる。

第 1・2 時	第 3・4 時
（第 1 小単元）導入	（第 2 小単元）展開①
夏休みの思い出を紹介する表現を知る。	ALT に自分の夏休みの思い出を紹介するという課題をもつ。
1　先生の夏休みの思い出について聞こう 教師の話から ate, went などの表現に出会わせる。初めて過去形を扱うが、ate は「食べた」という英語を日本語に置き換える扱いはせず、状況や場面を手がかりに、曖昧ながらも意味を推測し、意味と言葉を結び付けられるようにする。	**3　ALT の話を聞いて世界の夏休みを知ろう** ALT の母国の話から、世界の夏休みに目を向けさせていく。また、それをきっかけに「ALT に自分の夏休みを紹介しよう」という課題をもたせる。Let's Listen 2 では、これまでの表現を聞くことができているか見取る。
2　自分の夏休みについて友達に伝えよう 登場人物の夏休みの思い出から、enjoyed, It was 〜. の表現に出会わせる。ここでは、前回の表現も使いながら、ペアで自分の夏休みについて伝え合う活動を取り入れることで、自分が伝えたいことを表すには語彙や表現が不足していることに気付かせる。そうすることで、どんな言葉や表現が自分に必要なのかを気付かせ、その後の練習にも必要感をもたせる。	**4　ALT に紹介することを考えよう** 小グループで ALT に紹介する内容を交流し、シェアリングする活動を設定する。互いのよさに気付き、それらを基に、再度自分の紹介する内容を整理させる。また、Let's Read and Write 1 〜 4 を使って、文字を用いながら紹介する内容を改めて整理させる。

本単元について

【単元の概要】

本単元は、夏休み明けすぐの授業であることから、互いの夏休みの過ごし方について知りたい、伝えたいという、子供にとって自然な場面設定が可能である。そのため、本単元で初めて過去形を扱うが、必然性があることから無理なく扱うことができると考える。授業ではまず食べたものに焦点を当てて導入し、行った場所やしたこと、感想につなげる。また世界の夏休みに目を向けるきっかけとして、子供にとって身近な ALT の母国の話を活用する。

本単元で扱う過去形の表現は、次単元以降の Small Talk でも扱いやすいことから、くり返し習熟を図り、Unit 7 につなげる。

【本単元で扱う主な語彙・表現】

《語彙》

したこと（went など）、食べ物（curry and rice など）、自然（desert など）、デザート（cake など）、味（bitter など）

《表現》

I went to 〜. I enjoyed 〜. I ate 〜. It was 〜. など

《本単元で使う既習の語彙・表現》

食べ物、飲み物、デザート、
家族（grandfather など）、
建物（department store など）
It's 〜. I like 〜. Do you like 〜? など

[知識・技能]：I went to ～. I enjoyed ～. I ate ～. It was ～. などについて理解しているとともに、夏休みの思い出について、聞いたり、話したりする技能を身に付けている。

[思考・判断・表現]：自分のことをよく知ってもらったり相手のことをよく知ったりするために、夏休みの思い出について、聞いて概要が分かったり、話したりしている。

[主体的に学習に取り組む態度]：自分のことをよく知ってもらったり相手のことをよく知ったりするために、夏休みの思い出について、聞いて概要が分かったり、話したりしようとしている。

第5・6時	第7・8時
（第3小単元）展開②	（第4小単元）まとめ
ALT に自分の夏休みの思い出を紹介する。	これまでの学習をまとめる。
5　ALT に紹介する準備をしよう 　　モデル映像から、発表する際の視覚的効果として写真（絵）や文字、ジェスチャーのよさにも気付かせる。その中で、自分が一番伝えたいことを「夏休みの記録メモ」を使ってまとめさせ、それを使ってリハーサルを行わせる。 6　ALT に自分の夏休みを紹介しよう 　　ALT に向け、自分の夏休みを紹介する。発表を聞く側の子供には、自分との共通点を見付けながら聞かせ、"Me, too." や "I ate ～, too." など、言葉で反応を返すことを意識させる。	7　学習をふり返り、まとめよう 　　これまでの学習のまとめの時間として位置付ける。前時に ALT に発表したことを改めて文で書き、それらを互いに読み合う活動を取り入れる。また、Starting Out を再視聴し、以前より英語を聞く力が高まったことを実感させる。Small Talk では、これまで夏休みについてのみ使っていた表現が他の場面でも使えることに気付かせ、知識・技能としての定着を図る。 8　世界に目を向けよう 　　「世界のすてき」と「ことば探検」を扱うが、ここでも既習を意識させたり、子供が自分で英語の音や意味に気付いたりできるようにする。

【主体的・対話的で深い学びの視点】

　ALT による母国の夏休み紹介をきっかけに、自分の夏休みを ALT に紹介するという課題をもたせる。相手意識をもたせることで、自分の夏休みのどんなことをどのように伝えたらよいのか考えさせる。また、単元の途中に小グループでの発表を取り入れ、全体でシェアリングすることで、自分の内容を精選したり付け加えたりできるようにする。最後は、ALT に伝える場面として発表を位置付け、ALT に伝わったという満足感を味わわせるとともに、これまでの自分の学びの変容や成長が自覚できるような振り返りをさせることで、次への学びへとつなげるようにする。

【評価のポイント】

　「聞くこと」と「話すこと[発表]」の活動を効果的に関連させながら評価する。

　「聞くこと」については、第3時で記録に残す評価をするものの、そこだけでは見取れないこと、また目標に達していない子供もいることが予想される。そこで、第4・5時の発表練習で、音声とともに文字を扱い、文構造を視覚的に捉えさせるなどの指導をした上で、第6時の発表場面や第7時の Starting Out で改善状況を見取る。

　「話すこと[発表]」については、第6時の発表場面だけでなく、第3～5時で自分の発表を練り上げていく過程についても評価する。

先生の夏休みの思い出について聞こう

本時の目標

夏休み（過去）に食べたものや行った場所を伝える表現を知る。

準備する物

- 教師用デジタルブック
- Small Talk に使う実物・写真
- 自然・食べ物の絵カード
- Starting Out の聞き取り用ワークシート
- went, ate のなぞりワークシート

本時の言語活動のポイント

本時は、夏休み明けすぐの授業で互いの夏休みの話を聞くという自然な場面設定が可能である。夏休みに訪れた場所は家庭環境によって配慮が必要な場合があるが、食べたものであれば全員が活動に参加できるため、教師の話を聞き、「自分も食べた」と共感しながら自分のことも伝えたいという思いにさせる。そのため、最初に I ate 〜. を中心に扱い、派生して Where did you eat? Where did you go? の質問を取り入れ、I went to 〜. の表現につなげる。

【「聞くこと」の指導に生かす評価】

◎本時では、記録に残す評価は行わないが、目標に向けた指導は行う。
- Starting Out No. 1 を使って ate と went の表現に目を向けさせ、No. 2 で聞いている状況を中心に見取る。聞き取れていない子供を中心にやり取りで確認する。

本時の展開 ▷▷▷

1 Small Talk 教師の夏休みについて聞く

単元の導入として、Small Talk で教師が夏休みに食べたものや行った場所についての紹介をする。子供にも同じものを食べたかどうかなどを尋ね、巻き込んでいく。ここでは聞いて分かることがねらいのため、挙手または Yes./No. で反応させ、続けて You ate 〜. などと補足する。

2 教師とのやり取りを通して 自分の夏休みについて伝える

教師の話から次第に自分の夏休みに目を向けさせる。教師は子供の発言に反応しながら、"You ate/went to 〜." とリキャストしながら表現に気付かせる。最初は食べ物だけに注目していた子供も ate の後に食べ物がくるという文構造に気付き、自分でも使えるようになっていく。

1 2 Small Talk 「先生の夏休み」

活動のポイント：教師の夏休みについて、子供たちも同じことをしたことがあるかを
問いかけ、子供たちを会話に巻き込んでいく。

3 Starting Out No. 1，2 を聞き、
自分の夏休みと比べる

　No. 1 は映像と絵から大まかな内容を捉えさ
せた後、went と ate に注目させ、文字や絵
カードで文構造を視覚的に捉えさせる。No. 2
ではさくらが行った場所と食べたものに焦点を
当て、聞き取らせる。その後、Did you eat 〜?
などを用いて、再度子供とやり取りをする。

4 Let's Try 2　ペアで夏休みに
ついて伝え合い、文字をなぞる

　ペアで、夏休み中に食べたものや行った場所
について I ate 〜．I went to 〜．を使って紹介し
合う。ここでは、子供の負担軽減を考え、尋ね
合うことまでは求めない。最後に全体で一人を
取り上げ、内容に注目しながら再度表現を押さ
えて ate と went を確認し、文字をなぞらせる。

自分の夏休みについて友達に伝えよう

本時の目標

夏休みについての話を聞いて概要を捉えたり、自分の夏休みについて話したりすることができる。

準備する物

・教師用デジタルブック
・Starting Out の聞き取り用ワークシート
・enjoyed, was のなぞりワークシート
・大文字、小文字アルファベットカード

本時の言語活動のポイント

本時は、教科書の登場人物の夏休みの紹介を聞き、新たな表現 enjoyed, It was 〜. に出会わせ、自分の夏休みを伝える表現の幅を広げさせる。ポイントは、聞いて、話して、再度聞いて確認するというようなサイクルを意図的に設定することである。そうすることで、自分に不足する語彙や表現に気付かせ、それを補うために、主体的に「聞くこと」ができたり、聞いたことをまた「話すこと」に生かすことができたりするようになる。

【「聞くこと」の指導に生かす評価】

◎本時では、記録に残す評価は行わないが、目標に向けた指導は行う。
・Let's Listen 1 の音声を聞いて、線でつないでいる様子を中心に見取る。その後、聞き取れていない子供を中心にやり取りをして、表現の定着を図る。

本時の展開 ▷▷▷

1 Let's Sing, Starting Out No.3,4 映像から内容を予想し聞く

Let's Sing を聞いた後 Starting Out に移る。音声なしの映像から大まかな内容を捉えさせ、どんなことを話すのか予想し、went と ate の表現を確認する。その後、音声を聞かせる中で、I enjoyed 〜. や It was 〜. の表現にも目を向けさせる。必要に応じてくり返し聞かせる。

2 Let's Try 3 ペアで夏休みについて伝え合い、文字をなぞる

一回目のペア活動後、子供の実態に合わせ、文字を提示しながら練習する場面を取り入れたり、Word Link を扱ったりする。その後、二回目のペアで行う。最後に全体で一人を取り上げ、再度表現を確認する中で enjoyed と It was 〜. を意識させ、文字をなぞらせる。

3 Let's Listen 1　登場人物が夏休みにしたことを聞く

活動のポイント：No.1, 2 を聞き取ることができなかった子供がいたら、過去形や行った場所の表現が分かりやすいよう問いかける。

3 Let's Listen 1　登場人物が夏休みにしたことを聞く

　No. 1, No. 2 では、子供が音声を聞いて内容を理解できているか確認する。No. 3 では、Emily が話すことを絵から想像させ、その後音声を聞かせるようにする。そして、No. 1, No. 2 で十分に理解できていなかった子供とやり取りをしながら、改善状況を確認する。

4 Sounds and Letters（A, E）

　教師の発する "a"（名称読み）の音から A のカードを選ばせ、音と名前が一致できているか確認する。a（音読み）で始まる言葉を想起させたり、他の母音で始まる単語との音の違いに気付かせたりする。その後、A と a の文字を 4 線上に書く。"E" についても同様に行う。

ALTの話を聞いて世界の夏休みを知ろう

本時の目標

夏休みについて話を聞いて概要が分かる。

準備する物

・教師用デジタルブック
・Small Talk に使う実物・写真
・大文字、小文字アルファベットカード

本時の言語活動のポイント

　本時は、ALT の母国での夏休みの過ごし方を知ることをきっかけとして、ALT に自分の夏休みを紹介するという課題意識をもたせる授業である。ALT に「伝えたい」という思いを大切にし、どんなことをどのように伝えたらよいのか、これまで学習してきた表現を使って考えさせる。その過程の中で、適宜練習の場を取り入れたり、学級全体で伝え方を考えたりする。

【「聞くこと」の記録に残す評価】

◎外国語の子供の夏休みについての話を聞いて、概要が分かり、線で結んでいる。

・Let's Listen 2 で子供の様子を見取り、評価を記録する（知・技）。
・ここで見取れない子供がいる場合や目標に到達しない子供がいる場合は、第4・5時に指導・支援した上で第6時の発表場面で評価する。

本時の展開 ▷▷▷

1 Let's Chant、Small Talk　ALT の母国の夏休みの過ごし方を聞く

　Let's Chant を聞いた後、Small Talk で ALT から日本で過ごした夏休みと母国での夏休みの過ごし方についての話を聞かせる。ALT の話を聞きながら、表現を確認するとともに、世界の夏休みについても目を向けるきっかけとする。

2 Do you know?、Let's Listen 2 をする

　Do you know? では世界の小学生の過ごし方を知る。その後 Let's Listen 2 で、外国の子供たちの夏休みについての音声を聞き、内容を表す絵と線で結ばせる。話を聞いて概要を捉えている状況を評価する。

3 Let's Try 3　ペアで ALT に伝える夏休みについて考える

活動のポイント：困り感のある子供がいれば、分からない表現を全体で共有し支援する。

〈ペアでアドバイスし合う〉

C1：アイスはアメリカにもあるから…
　　　花火大会のことを伝えようかな。
C2：いいね！
　　　屋台で食べた物もよさそうだね。
C1：Nice idea!　浴衣も日本の夏らしいけど、
　　　英語でどう言うんだろう…。

〈全体で共有しながら支援する〉

T　：C さんの夏休みを教えてくれますか？
C1：I ate たこやき and わたあめ.
　　　I enjoyed…浴衣？
T　：Oh, you enjoyed wearing 浴衣！
　　　It's fantastic!
C1：Yes! I enjoyed wearing 浴衣.

wearing 浴衣って言うんだ！

3 Let's Try 3　ペアで ALT に伝える夏休みについて考える

分かる人はいますか？

ALT の先生にも食べたかどうか質問したいときはどうすればいいですか？

　ALT の母国の夏休みを参考に、自分の夏休みを紹介するならどんなことを伝えるか考えさせる。また、子供の実態に合わせて Word Link を扱ったり、学級全体で伝え方を考えさせたりする。Word Link にない単語や汎用性が低い単語は、学習負担を考慮して日本語で扱ってもよい。

4 Sounds and Letters (I, O, U)

I

Italy　India

　教師の発する "i"（名称読み）の音から I のカードを選ばせ、音と名前が一致できているか確認する。そして、i（音読み）で始まる言葉を想起させたり、他の母音で始まる単語との音の違いに気付かせたりする。その後、I と i の文字を 4 線上に書く。"O", "U" についても同様に行う。

第4時　ALTに紹介することを考えよう

本時の目標

　ALT に伝える内容を整理して、夏休みの思い出について話すことができる。

準備する物

・教師用デジタルブック
・振り返りカード

本時の言語活動のポイント

　本時は、ALT に自分の夏休みを紹介するという目的を達成するために、グループ交流を行う。ここでは、シェアリングを通して互いの発表のよさに目を向けさせることで、自分の伝える内容に取り入れたり再考したりと、改めて自分の紹介する内容を整理させることがねらいである。また、Let's Read and Write 1 ～ 4 では、文字を用いて音と文字をつなげながら、語順を意識して話す内容を整理できるようにする。

【「話すこと［発表］」の指導に生かす評価】

◎本時では、記録に残す評価は行わないが、目標に向けた指導は行う。
・小グループの交流の様子から、子供がどんなことを話したいと思っているのか、また、そのために必要な表現は使っているかどうか見取り、適宜指導や支援をする。

本時の展開 ▷▷▷

1　Let's Chant、小グループで交流する

吹き出し：質問がいいね！
吹き出し：I enjoyed camping, too. I ate BBQ. Did you eat BBQ?

　Let's Chant の後、ALT に話す内容を互いに伝え合い交流する。その中で、「日本」に注目して紹介した子、ALT の興味がある話題を選んだ子など、それぞれのよさを共感し合えるようにする。困っている子がいれば、次の活動で取り上げる。

2　発表に向けたシェアリング

吹き出し：Bさん, You enjoyed camping. Where did you go?
吹き出し：I went to the lake.
吹き出し：そのことも伝えられそうですね。

　それぞれの発表のよさを全体で共有し、レベルアップを図る。前の活動の様子から、困っていることを全体で共有し、解決法を考える。また、自分の思いをよりよく言葉で伝えられるようにするために、友達の使う表現のよさを参考にしながら、学級全体でアイディアを共有する。

2 発表に向けたシェアリング

活動のポイント：分からないことや疑問点を全体でシェアすることで、全体のレベルアップを図る。

C1：場所についてではなく、浴衣を着たことを最初に言ってもいいですか？

T ：一度言ってみましょう。どんなふうになるかな？

C1：I enjoyed wearing 浴衣 .
　　And I went to fireworks festival…

T ：みなさんどう思いますか？

C2：いいと思います。

C3：日本の浴衣をよりアピールできています。

T ：C さん, Nice idea!

よかった！
この順番にしよう

---

3 交流したことを整理する

僕も ALT の先生に質問してみよう！

　再度、ALT に伝えることを自分で整理する。教師は、前の活動のグループ発表で十分に言えなかった子や困っていた子を中心に、個別に支援する。また、発表をよりよいものにしようと工夫している子に対しても、その様子を見取り、称賛したり必要に応じて支援したりする。

---

4 Let's Read and Write 1 〜 4 から一つ書く

　音と文字をつなげながら、語順を意識して話すことを整理させる。4 つの文を書くスペースがあるが、学習負担に考慮して一番伝えたい 1 文に絞って書かせたり、実態によっては 4 文全て書かせたりする。書かせるときは、PD も参考にさせる。

第5時 ALTに紹介する準備をしよう

本時の目標

ALT に伝える内容を整理して、夏休みの思い出について話すことができる。

準備する物

- 教師用デジタルブック
- 夏休みの記録メモ　巻末
- 「夏休みの記録メモ」同様のワークシート

本時の言語活動のポイント

本時は、ALT に自分の夏休みをよりよく伝えるために、伝え方を考え、発表に向けたリハーサルをする授業である。自分の紹介することがより相手に伝わることを目指すという目的意識をもたせて、モデル映像を視聴させる。ジェスチャーなどのよさに気付かせ、自分の発表にも生かしながらリハーサルに取り組ませる。

【「話すこと［発表］」の指導に生かす評価】

◎本時では、記録に残す評価は行わないが、目標に向けた指導は行う。
- 次の第6時に向けて適宜指導や支援を行う。すでに目標に達している子や十分達している子がいる場合は、次時に向けた評価の参考資料としてメモに残すことも考えられる。

本時の展開 ▷▷▷

1 Let's Sing、Enjoy Communication Step 1 をする

Let's Sing で英語の音に慣れ親しみながら歌う。次に、教科書の例文を自力で読めるかチャレンジした後、指で文字をたどりながら聞く。音声を聞いた後で、再度、全体で声に出して読む。その後、Let's Read and Write で書いた「わたしのせりふ」を各自で声に出して読ませる。

2 モデル映像を視聴する

自分の発表をよりよいものにするという目的意識をもたせてモデル映像を視聴させる。モデル映像から、どんな工夫が効果的か考えさせ、写真（絵）や文字、ジェスチャーのよさにも気付かせる。それらを参考にして、自分の発表に生かせるものを考えさせる。

4 ペアでリハーサルをする

活動のポイント：教師がリハーサルを聞いて価値付けるなどの個別の支援をして、発表に自信がもてるようくり返し練習をさせる。

もう一度他の人に伝えてみるよう伝える。

---

3 Enjoy Communication Step 2 をする

発表に使用する「夏休みの記録メモ」に自分が一番伝えたいことを書かせる。このとき、自分の一番伝えたいことが「行った場所（I went 〜.）」とは限らないので、「食べたもの（I ate 〜.）」などのワークシートも準備しておくとよい。

---

4 ペアでリハーサルをする

「夏休みの記録メモ」が完成した人同士でペアになって、「夏休みの記録メモ」を使いながらALTに向けた発表のリハーサルをする。教師は個別の支援をして子供の安心感と自信を高める。この時点で目標に十分に達しているなどの状況にある子については、メモを残しておく。

ALTに自分の夏休みを紹介しよう

本時の目標

ALT に自分のことを分かってもらうために、自分の夏休みについて話すことができる。

準備する物

・教師用デジタルブック

本時の言語活動のポイント

本時は、いよいよ ALT に向けて自分の夏休みの思い出を紹介するという、子供の思いが達成される授業である。そのため、発表が終わった後は、自分の伝えたいことが ALT に伝わったという満足感を十分に味わわせる。また、友達の発表を聞く際は、自分の発表内容との共通点や違いを見付けて相手のことをより知るという目的意識をもたせ、反応を返しながら聞かせるようにする。

【「聞くこと」「話すこと [発表]」の記録に残す評価】

◎互いのことを分かり合うために、夏休みについて聞いたり話したりしている。
・ALT に向けて自分の夏休みの思い出を発表形式で紹介したり聞いたりしている様子を 3 観点から見取って評価する。
・また、第 3 時の「聞くこと」の評価で見取りができなかった子などの状況も見取る。

本時の展開 ▷▷▷

1 Let's Chant、リハーサルをする

Let's Chant を使って全体で声を出した後、2 〜 3 分、自分でリハーサルを行う。誰に向かって伝えるのか、どのようにしたら相手に伝わりやすいのかなど、これまで取り組んできた課題を再度意識して取り組ませる。また、ここでも教師は個別に指導や支援を続ける。

2 ALT と全体に向けて発表する（評価）

ALT に自分の夏休みの思い出を発表する。発表者以外の子供には、自分との共通点を見付けながら聞き、"Me, too." や "I ate 〜, too." などの反応を返すよう意識させる。聞いたことをワークシートなどに記入させる場合も人数を限定して、友達の発表を聞くことに集中できるようにする。

2 ALTと全体に向け発表する／**3** ALTに1対1で発表する

活動のポイント：学級の人数や実態に応じて、ALTを含めた全体への発表とALTとのやり取り（1対1）と、発表の形式を変えることもできる。

〈全体へ発表する〉

Do you like watermelon?

My summer vacation
I ate watermelon.

Yes, I do.
I like watermelon.
Your summer vacation
was so good!

〈ALTに1対1で発表する〉

How was your summer vacation?

It was nice!

My summer vacation
I ate watermelon.

What did you eat?

I ate watermelon.
Do you like watermelon?

Yes, I do. I like watermelon.

3 ALTに1対1で発表する
（**2**の別形態）

Hello, I enjoyed…

　ALTに1対1で自分の夏休みを紹介する方法もある。その場合、**2**と同じように発表形式にしてもよいが、ALTとの質疑応答を入れてやり取りにすることも可能である。学級の実態に応じて方法を選択する。その間待っている子供には、練習をさせたり、課題を用意したりする。

4 発表の振り返りをする

I was so happy!
Your gestures are
easy to understand.

　発表が終わった後、ALTから一言感想を言ってもらうことで、自分の伝えたいことがALTに伝わったという満足感を味わわせる。振り返りは、ALTに伝えられたか、工夫したことはどうだったかなどの観点を示して行う。英語面については、次時に学級全体で振り返る場を設ける。

第7時　学習をふり返り、まとめよう

本時の目標

　夏休みの思い出について、例文を参考に書くことができる。また、書かれた簡単な語句や表現などを推測しながら読んで意味が分かる。

準備する物

・教師用デジタルブック
・Small Talk に使う実物・写真
・掲示用シート

本時の言語活動のポイント

　本時は、本単元で学習した英語表現を再度確認し、自分自身の学びの振り返りにつなげるようにする。ALT に発表したことを文で書く際は、友達に読んでもらうなどの相手意識をもち、丁寧に書くように指導する。また、自分が発表した内容を文字として残すことで、自分の学習の成果を視覚的に捉えたり、学期末や年度末に振り返ったりすることができる。また、Starting Out を再視聴することで、単元のはじめより「聞くこと」ができるようになったことに気付かせ、次の学びにつなげるようにする。

【「聞くこと」の記録に残す評価】（補助的な評価場面）

◎Starting Out では、前時までに「聞くこと」の目標に達していなかった子の改善状況について見取る。実態によっては、最初と同じ映像ありで再視聴させてもよい。※「読むこと」及び「書くこと」については、目標に向けて適宜指導や支援を行うが、記録に残す評価は行わない。

本時の展開 ▷▷▷

1　Small Talk　週末食べたもの、行った場所について話す

　教師の Small Talk の内容から、これまで夏休みについてのみ使っていた表現が、先週末や昨日のことなど他の場面でも使えることに気付かせ、知識・技能としての定着を図る。前時の発表時に目標に達していなかった子には、教師の話に続いて尋ねるなどして改善状況を確認する。

2　ALT に発表したことを清書する（Let's Read and Write 1 〜 4 ）

　発表したことを、「わたしのせりふ」なども参考に清書する。友達に読んでもらうなどの相手意識をもたせ、丁寧に書くように指導する。書いたものは、自分で読み返させ、次の活動に生かすとともに、掲示して読み合えるようにした後、学習の記録として保管する。

4 Starting Out を再視聴する

活動のポイント：一度聞いた英文を再度聞き、子供が自分自身の成長を認識できるようにする。

> もう一度聞いてみてどうでしたか？

> 前よりちゃんと聞き取れました！

> 発表のとき、with my family を使えばよかったな。

---

3 書いた文を互いに読み合う

> これはどう読むのかな…

> Wearing だよ。

2で書いた文を交換して読み合う。前時に発表を聞いているので、ある程度推測しながら読めることが想定されるが、読めない部分については、本人に聞きながら一緒に読ませる。書いたものを自分で読み返したり、友達と互いに読み合ったりすることを習慣付けたい。

4 Starting Out を再視聴する（評価）

> 最初より分かる！

> 1回で聞き取れた！また頑張ろう。

Starting Out の「通し再生」で再視聴し、該当する番号を書かせる。第3時の「聞くこと」の活動で目標に達していなかった子の改善状況を確認する。再視聴することで、以前より聞き取ることができるようになっていることに気付かせ、次の学習意欲につなげる。

世界に目を向けよう

本時の目標

世界の夏休みなどについて知り、世界と日本の文化に対する理解を深める。

準備する物

・教師用デジタルブック
・Small Talk に使う実物・写真
・大文字、小文字アルファベットカード

本時の言語活動のポイント

本時は、まず Small Talk で過去形の表現を使って話すやり取りを行う。昨夜食べたもの、今朝食べたものなど、身近な話題を取り上げて、表現のさらなる定着を図るようにする。「世界のすてき」、「ことば探検」、Sounds and Letters では、本単元までの既習を意識させたり、子供が自分で英語の音や意味に気付いたりできるようにする。

【「話すこと[発表]」の記録に残す評価】（補助的な評価場面）
◎Small Talk で教師や友達とやり取りする様子から、これまで目標に到達できないでいた子について、その子なりにできたところを見取り、認める場にする。

本時の展開 ▷▷▷

1 Small Talk 今日の朝食を話す

前時同様、これまで夏休みについてのみ使っていた表現が他の場面でも使えることに気付かせ、知識・技能としての定着を図る。これらの活動が、後に自分で思考・判断しながら、今回の表現を使う力につながっていくと考えられ、次単元以降の Small Talk でも扱うようにする。

2 「世界のすてき」を行う

アメリカのイメージとして都市部のイメージをもっているであろう子供たちに、農産物など5年生の社会科を想起させる。映像を音声なしで見せ、大まかな内容をつかんでから音声ありで見せることで、英語に注目しながら聞かせて概要を捉えさせる。

1 Small Talk　今日の朝食は何？

活動のポイント：これまで練習した表現を、異なる場面でも使えることを知り、表現の幅を広げる。

3 「ことば探検」をする

　What is your treasure?, Where do you want to go? などはこれまでくり返し扱った表現である。音声を十分に聞かせた後、同じ疑問詞を使った例文を提示することで、疑問詞自体に目を向けさせ、意味を推測させる。その後、When, Who, Why など、他の疑問詞についても同様に行う。

4 Sounds and Letters の Quiz ④〜⑥をする

　Quiz ④⑤は、教科書 p.92の絵を見ながら自分で声に出して読んでみて a の音があるかどうか予想させ、音声を聞いて確認したり再度声に出したりさせる。Quiz ⑥の下段も、まずは自分で読ませた後で、全体で声に出して確認する。音の違いを意識させるために文字を見せてもよい。

第4時 発表に向けたシェアリング

活動の概要

　小グループで交流した後に、第6時の発表に向けたシェアリングを行う。ここでの活動が、子供の思考を広げたり深めたりするための指導の鍵となる。そのため、全体で共通項が多いものを取り上げる。その際、積極的に既習語句や表現を使わせるようにする。また、子供が話したい内容に目を向けながら本単元の言語材料を確認し、知識・技能としての定着を図る。

活動を進めるための手立て

① 共通項の多さに着目	② 全体に広げる	③ よいところのシェア
共通項が多く、全体が自分意識をもてそうなものから取り上げる。	全体に広げながら、伝え方を教師と子供で一緒に考える	友達のよいところを紹介させる形で行う

活動前のやり取り例

C 1 ：I went to my grandparents' house. I ate watermelon. It was big and delicious.
　　　I like watermelon.
C 2 ：I enjoyed camping, too. I ate BBQ. Did you eat BBQ?
C 3 ：I went to the fireworks festival. I ate たこ焼き and わたあめ . I enjoyed wearing 浴衣 .
　　　It was exciting.
C 4 ：I ate…そうめん . I enjoyed fireworks. It was nice.

活動前のやり取りのポイント

教師は、第3時のペアで交流している様子や、小グループでの発表の様子をよく観察しておく。そして、子供が何を伝えたいと思っているのか把握し、全体にシェアリングすべきこと（指導したいこと）を決めておく。また、発表を聞きながら、子供のよいところを伝え、価値付けしていく。それが、子供同士の認め合う雰囲気にもつながっていく。

活動のポイント

　　ポイントは、子供たちの発表の状況を見て、最終的にどんな発表を目指したいのか、教師がイメージをもつことである。それによりシェアリングする内容、つまり、指導することが決まる。シェアリングでは、子供が話したい内容に共感し安心感をもたせるとともに、既習を使えることに気付かせ、「それなら自分もできそう。使えそう。」という思いを高めるようにする。

活動後のやり取り例

※下線部がシェアリング前から変容した部分

C1：I went to my grandparents' house. I ate watermelon. It was big and delicious.
　　I like watermelon. <u>Do you like watermelon?</u>

C2：I enjoyed camping, too. <u>I went to the lake.</u> I ate BBQ. <u>I like meat</u>. Did you eat BBQ?

C3：<u>I enjoyed wearing 浴衣</u>. <u>It was exciting.</u> I went to the fireworks festival.
　　I ate たこ焼き and わたあめ. <u>I like たこ焼き.</u>

C4：I ate <u>そうめん</u>. I enjoyed <u>doing</u> fireworks. <u>I like fireworks.</u> It was nice.

活動後のやり取りのポイント

シェアリングの後は、子供が一人で自分の発表内容に向き合い、整理する時間を設ける。その際、教師は子供を個別に支援し、必要に応じて助言をしながら安心感と自信をもたせるようにする。

5

We all live on the Earth.

（8時間）【中心領域】読むこと、話すこと［やり取り］

単元の目標

・地球に暮らす生き物について考えるために、それらの生き物同士のつながりなどについて、短い話を聞いてその概要が分かったり、話したりして伝え合うことができる。外国語の背景にある文化に対する理解を深める。例文を参考に文を読んだり、聞いたりすることができる。

第1・2時	第3・4時
（第1小単元）導入	**（第2小単元）展開①**
生き物の暮らしについての話題の導入及び、これらに関する語句や表現と出会う。	生き物の暮らしや食べ物について尋ねたり答えたりして伝え合う。
1　生き物のつながりや暮らしについて聞き、おおよその内容を理解しよう 導入で教師が生き物について話し、単元の見通しをもつ。Starting Out を聞き分かったことをワークシートに書く。絵カードを使用してポインティング・ゲームを行い、生き物の名前にさらに慣れ親しむ。	**3　生き物の暮らしや食べ物について聞いたり話したりしよう** Let's Listen 1 で動物の鳴き声クイズを行った後、Let's Listen 2 で生き物と食べている物を伝える表現を音声で慣れ親しむ。その後、ペアで実際にそれらの表現を使って生き物と食べているものを伝え合う活動をする。
2　生き物のつながりや暮らしについて聞き、生き物について考えよう 前時に聞き取れなかったり、理解できなかったりした表現があれば、それらに再度触れる機会を設ける。自然の中の場所の言い方に慣れ親しんだ後、カードゲームを通して自然の名前になれていく。Let's Read and Write 2 では、紹介したい生き物の住んでいる場所を書く。	**4　どんな生き物が、何を食べるのかたずね合おう** Let's Chant で前時までに学んだ表現に親しんだら、Let's Listen 3 でウミガメの話を聞き、環境問題について考える。その後、ペアで生き物が食べるものを伝え合う活動を行う。活動の際には、前時までに言い方が分からない表現を共有するなどの機会を設けたい。

本単元について

【単元の概要】

　本単元は、地球に暮らす生き物について考え、食物連鎖や生き物に対する自分の考えや気持ちなどを伝え合うことをねらいとしている。子供にとって生き物は身近な存在であり、食物連鎖について理科でも学習していることから、興味を引かれる題材であると考える。そこで本単元では、生き物の住んでいる場所や食べるものについて聞いたり話したりした後、食物連鎖についてのポスターを作成して伝え合う。自然の素晴らしさを知り、自然の営みを理解するとともに、私たちが抱える問題に気付き、「共生」の在り方について考えられるように指導していきたい。

【本単元で扱う主な語彙・表現】

《語彙》

海の生き物（whale など）、自然（desert など）、体（head など）、動物（bear など）、虫（ant など）

《表現》

Where do 〜 live?／〜 live in 〜.

What do 〜 eat?／〜 eat 〜.

《本単元で使う既習の語彙・表現》

Hello. Hi. Do you like 〜? Yes, I do./No, I don't.

What can you do? We can 〜.

Are you 〜? I'm 〜.

Thank you for listening.

単元の評価規準

[知識・技能]：Where do ～ live? ～ live in …. What do ～ eat? ～ eat …. 及びその関連語句などについて理解しているとともに、地球に暮らす生き物同士のつながりなどについて書かれたものを読んだり、伝え合ったりしている。

[思考・判断・表現]：地球に暮らす生き物について考えるために、それらの生き物同士のつながりなどについて書かれたものを読んだり、伝え合ったりしている。

[主体的に学習に取り組む態度]：地球に暮らす生き物について考えるために、それらの生き物同士のつながりなどについて書かれたものを読んだり、伝え合ったりしようとしている。

第5・6時	第7・8時
（第3小単元）展開②	（第4小単元）まとめ
フードチェインカードを使ってポスターを作り、人間と自然の関わりについて考える。	食物連鎖について発表し、考えを伝え合う。
5　フードチェインカードを作って、生き物について説明しよう 　まずは教師のデモを見せて、子供たちにイメージさせる。住んでいる場所や、食べることを伝える表現について確認する。そして、子供の実態に応じて、ペア、グループ、または個人で「食物連鎖ポスターづくり」を行い、発表練習をする。 **6　食物連鎖のポスターを作り、工夫して伝えよう** 　地球上には絶滅の危険がある動物がたくさんいることを知り、自分たちができることについて考えを深める。地球の環境を守ることが動物を守ることにつながることを感じさせるとともに、その生き物への思いを発表することで子供の充実感をさらに高めるようにする。	**7　食物連鎖のポスターを使って、考えや気持ちを伝え合おう** 　ペアやグループ同士で行った後、ポスターセッション形式にして全体で行うなど、スモールステップを踏んで、自信を持って行えるようにする。活動前や中間指導の際に、「話すときに工夫したらよいこと」や「聞くときに工夫したらよいこと」を話し合い全体で共有しながら行うようにする。 **8　世界と日本の文化に対する理解を深めよう** 　「ことば探検」では英語は主語と目的語を入れ替えると、意味が逆になることを日本語と比較しながら確認する。「世界のすてき」ではブラジルについての映像や音声を視聴し、分かったことを発表したり、話し合ったりする。

【主体的・対話的で深い学びの視点】

　子供の学習を深い学びにしていくためには、子供が自分ごととして考え、語りたくなる内容があるかどうかが大切である。そのために、教科等横断的な学習活動を創造し、子供の思考を深めることも有効である。本単元の内容は、理科でも学習しており、総合的な学習の時間や特別の教科　道徳と連携して学習を進めることもできる。例えば、フードチェインを紹介する生き物カードを理科の学習で使用したものと共通のものにすることなども考えられる。なぜ食物連鎖を学習する必要があるのか、自然界のバランスを保つことの大切さにも目を向けさせることで、深い学びへとつなげていくようにしたい。

【評価のポイント】

　本単元では、「読むこと」「話すこと［やり取り］」について、記録に残す評価を行う。「読むこと」については、「わたしのせりふ」を読んでいる姿から見取り、「話すこと［やり取り］」については、食物連鎖について伝え合っている姿から見取るようにする。単元途中でつまづきが見られた子供には、できるようになるための支援を行い、全ての子供が「おおむね満足できる状況」となるように指導していくことが大切である。本単元では、「聞くこと」「書くこと」については、指導は行うが、記録に残す評価は行わないこととする。

生き物のつながりや暮らしについて聞き、おおよその内容を理解しよう

本時の目標

生き物の言い方を知り、それらの生き物同士のつながりや暮らしなどについて、短い話の概要を捉えることができる。

準備する物

・児童用絵カード
・振り返りカード
・海の生き物の絵カード（掲示用）
・Small Talk に使うぬいぐるみ・写真など
・ワークシート

本時の言語活動のポイント

本時は、本単元の概要を知り、様々な表現に出会う時間である。そこで、Starting Out を使って、「聞く」活動を行うのであるが、いきなり聞かせるのではなく、教科書の写真を見ながら、どんな生き物が見えるかを出し合ったり、教師の好きな海の生き物について伝えたりして、主人公2人はどんなことを話しているのかを聞きたい気持ちにさせてから聞くようにする。

本時では、ワークシートの1の部分のみを書くようにし、2の部分については、第2時でもう一度聞いてから行うようにする。

【「聞くこと」の指導に生かす評価】

◎本時では、記録に残す評価は行わないが、目標に向けて指導を行う。
・海の生き物についての会話から、どんなことを言っているか想像しながら聞かせ、必要に応じて指導・支援を行い、おおよその内容が理解できるようにする。

本時の展開 ▷▷▷

1 教師の好きな生き物を知り、関心を高める

導入として、教師が好きな海の生き物のぬいぐるみや写真を持って、子供たちに好きな理由などの話をする。その後、PD を見て、この生き物は英語で何というのかを子供が見付けるようにする。日本語と英語の違いに気付けるようにする。

2 Starting Out 分かったことをワークシートに書く

音声を聞く前に、教科書の絵を見せながら、どんな生き物がいるか問いかける。子供は、色とりどりの魚やウミガメを見て海に行ったときのことを話すかもしれない。Starting Out の音声を聞いて、分かったことや気付いたことなどをワークシート1に記入し、発表する。

3 Let's Try 1 をして、生き物の名前に慣れる

活動のポイント：聞く活動からくり返し表現に慣れ親しみ、言う活動に移る。

① **Pointing game**

教師が言った生き物のカードを指さす。慣れてきたら、くり返して言う。

Turtle!

② **Flip game**

1 枚カードを選び、その生き物が好きなら I like ～., 嫌いなら I don't like ～. と言いながら、ひっくり返す。ペアで交互に行う。

I like sharks.
Me, too.

③ **Yes, No game**

1 枚カードを選び、Do you like ～? と相手に聞く。聞かれたら、Yes, I do. または No, I don't. と答える。

Do you like dolphins?
Yes, I do.

④ **Interview game**

8 枚のカードの中で一番好きなものを問う。

I like jellyfish.
What sea animal do you like?

3 Let's Try 1 生き物の名前に慣れる

Shark!

　児童用カードセット（PD p.13「海の生き物」8 種類を印刷したもの）を使って、カードゲームを行う。いくつかのゲームを連続して行うようにするとよい。I like ～. I don't like ～. など既習の表現を使って行うとよりよいコミュニケーション活動になる。

4 Let's Read and Write 1 「わたしのせりふ」①を書く

　自分が紹介したい生き物を選び、「わたしのせりふ」の 1 行目に Where do ～ live? と問う文を書く。海の生き物でなくてもよいことを知らせる。生き物の名前は、PD や辞書を使って調べるようにする。

生き物のつながりや暮らしについて聞き、生き物について考えよう

本時の目標

生き物の言い方を知り、それらの生き物同士のつながりや暮らしなどについて聞き、おおよその内容を理解することができる。

海の生き物の言い方を知り、日本語と外国語の音の違いに気付くことができる。

準備する物

- 児童用絵カード
- 振り返りカード及びワークシート（前回と同じ）
- 自然・海の生き物の絵カード（掲示用）

本時の言語活動のポイント

前時の Starting Out を聞く活動の子供の達成状況を基に、聞き取れていなかった内容があれば、さりげなく話題の中に取り入れるなどした後、本時でもう一度音声を聞いたり映像を視聴したりする。ワークシートの2に答えを記入し、答え合わせをする。

答え合わせの際には Where do sea turtles live? のように、前時で「わたしのせりふ」に書いた表現を使って聞き、子供はそれに答えるようにする。ワークシートに書いている以外の生き物についても、同じように質問するとよい。

【「聞くこと」の指導に生かす評価】

◎本時では、記録に残す評価は行わないが、目標に向けて指導を行う。
- Starting Out を使って生き物についての会話を聞いている場面で見取り、必要に応じて個別に支援をするなどして、子供の学習改善につなげる。

本時の展開 ▷▷▷

1 自然の中にある場所の英語での言い方を知る

導入として、前時で紹介した生き物はどこに住んでいるかを尋ねる。例えば、ウミガメは海に住んでいるが、山や川に住んでいるカメもいることを思い出させるなどして自然に関する語彙の学習へと導くようにする。PD の p.12〜13 を使う。

2 Let's Try 1 自然に関する語彙に慣れる

児童用カードセット（PD の p.12「自然」の中から flower と tree を除く10枚を印刷したもの）を使って、カードゲームを行う。ポインティング・ゲームから始まり、いくつかのゲームを連続して行うようにするとよい（第1時参照）。

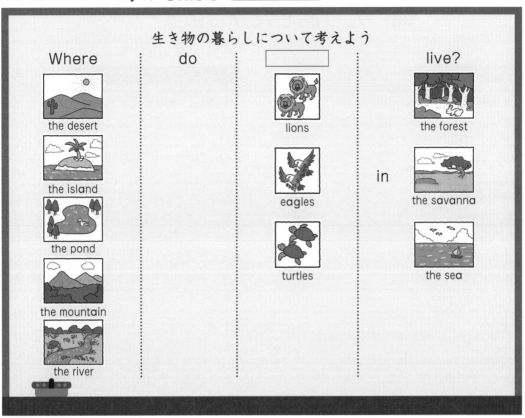

生き物の暮らしについて考えよう

Where　do　　　　　　　live?

the desert　　　lions　　　the forest

the island　　　eagles　　in　the savanna

the pond　　　turtles　　　the sea

the mountain

the river

---

3 **Starting Out**
ワークシートに 2 の答えを書く

Where sea turtles live?

Yes, sea turtles live in the sea.

Sea!

　Starting Out を視聴し、ワークシートの 2 に答えを記入し、答え合わせをする。

　答え合わせの際には、"No. 1, where do sea turtles live?" のように問いかけ子供はそれに答えるようにする。子供が単語で答えたことは教師が文で言い直して聞かせるとよい。

4 **Let's Read and Write 2**「わたしのせりふ」②を書く、本時の振り返りをする

　自分が前時で選んだ紹介したい生き物の住んでいる場所について、「わたしのせりふ」の 2 行目に "〜 live in ….." と問いに答える文を書く。場所の名前は、PD や辞書を使って調べるようにする。

生き物の暮らしや食べ物について聞いたり話したりしよう

本時の目標

生き物の暮らしや食べ物についてやり取りする短い話を聞いて、その概要を捉えたり、その情報を伝え合ったりすることができる。

準備する物

・児童用絵カード
・振り返りカード
・生き物の絵カード（掲示用）
・動物の絵カード（掲示用）
・自然の絵カードや自然マップなど

本時の言語活動のポイント

本時は、前時までにたくさん聞いてきた Where do sea turtles live? や Sea turtles live in the sea. などの表現を使って、海に住んでいる以外の生きものについても、住んでいるところや食べるものについての短い話を聞き、分かったことを伝え合おうとする時間である。聞き取り活動を行う前に、自然の絵などを見せ、どんな生き物が住んでいるかや、何を食べていると思うかを問いかけ、聞きたい気持ちを高めておく必要がある。また、ペアで尋ね合う前には表現に十分慣れさせておくようにしたい。

【「聞くこと」の指導に生かす評価】

・本時では、地球に暮らす生き物の住んでいるところや食べているものについての短い話を聞いて、その概要を捉えている様子を観察し、気付いたことをメモしておく。

本時の展開 ▷▷▷

1 Let's Listen 1 何の動物の鳴き声かを考える

海の生き物以外の動物を扱う導入として、鳴き声クイズを行う。教科書にある2問以外にも、"Moo."（牛の鳴き声）, "Ribbit, ribbit."（カエルの鳴き声）などいくつか行うとよい。その生き物は英語で何というのかを確認し、日本語と英語の鳴き声の違いに気付けるようにする。

2 Let's Listen 2 暮らしている生き物と食べているものを書く

はじめに、3～4つの場所について絵カードなどを見せ、何が暮らしていると思うか問いかける。ペアで考えさせてもよい。答え合わせの際には、子供が生き物を答えた後、"What do lions eat?" のように英語で問いかけて、答えを確認するようにする。

3 Let's Try 2 「生き物マップを作ろう」

活動のポイント：知りたい情報について、尋ねたり答えたりする。

〈使い方〉

①ペアでじゃんけんし、勝った方が知りたい動物カードを選んで Where do 〜 live? と聞く。

②負けた方は絵カードをめくり、裏に書いてある情報を 〜 live in the …. のように伝える。

③続いて、食べるものについても尋ねたり答えたりした後、カードをマップの上に置き、役割を交代し、次のカードに進む。

〈動物カード〉

表　　　　　　　　　裏

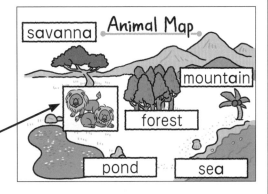

Animal Map

savanna

mountain

forest

pond　　　　sea

---

3 Let's Try 2
生き物についてペアで尋ね合う

Where do sea turtles live?

　目的をもって聞き合えるように、簡単なマップを作成し（または自然のカードをそのまま使う）、生き物の絵カードを使って尋ね合う。生き物の絵カードは、いくつか白紙カードを用意しておいて、子供が自分のアイデアを書けるようにしておくとよい。

4 Let's Read and Write 3
「わたしのせりふ」③を書く

sea turtles のところを変えるんだ。

　自分が選んだ生き物について、What do 〜 eat? と問いかける文を書く。答えになる食べ物や、その生き物のことで付け足したい情報、例えば様子（〜 are strong.）やできること（〜 can swim fast.）などを合わせて調べてくるように伝えておくとよい。

第4時 どんな生き物が、何を食べるのか たずね合おう

本時の目標

　生き物同士の食物連鎖について考え、何が何を食べるのかを表す際にどんな語順になるのかを理解して尋ね合うことができる。

準備する物

・児童用絵カード
・振り返りカード
・生き物の絵カード（掲示用）

本時の言語活動のポイント

　本時では、ウミガメが困っている話を聞いて、環境問題について考えたり、生き物が何を食べるかを尋ね合ったりする。ウミガメについては、（公協）海上保安協会が作成・公開している「うみがめマリンの大冒険」という動画があり、日本語、英語を含む6か国語の音声も付いていることから、合わせて活用することもできる。
　ペアで活動する際には、活動を始める前に、どんな表現が使えるかを確認したり活動の途中で一度止め、困ったことがないかもっと使いたい表現がないか確認したりするようにしたい。

【「話すこと［やり取り］」の指導に生かす評価】
・本時では、地球に暮らす生き物の食物連鎖について伝え合う活動を通して、それを伝えるための表現などを理解して、それらを使って互いの情報や考えなどを尋ね合っている姿を観察し、気付いたことをメモしておく。

本時の展開 ▷▷▷

1 Let's Chant 前時までに学習した表現を確認する

　チャンツを聞き、今までに習った表現がたくさん出ていたことを確認する。聞かせることから始めて、言えるところを一緒に言うように促す。質問と答えになっているところでは、はじめは教師が質問して子供が答え、2回目は交代するなど、工夫して行うとよい。

2 Let's Listen 3 ウミガメの話を聞いて、環境問題を考える

　まずは聞こえた順番に数字を書き込み、答え合わせをしながらもう一度聞く。今度は、場面ごとに "Is the turtle happy?" のように問いかけ、"No!" という答えを引き出す。その理由を考えることで、地球温暖化や環境汚染など地球規模の問題に気付かせたい。

3 Let's Try 3　生き物が何を食べるか伝え合おう

活動のポイント：〜 eat …. の表現を使って情報を伝えたり、尋ねたり答えたりする。

〈動物の名前を先に伝える場合〉
（例）
A：Who are you?
B：I'm a tiger!
A：What do you eat?
B：I eat zebras.

〈動物の名前を先に伝える場合〉
（例）
A：Who am I?
B：Hint, please!（What do you eat?）
A：I eat zebras.
B：Are you a tiger?

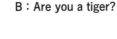

3 Let's Try 3　生き物が食べるものについて伝え合う

　巻末の絵カードを使って、何が何を食べるかを伝え合う活動である。動物カードには、複数の動物が描かれているが、そのうちの一人になって答えるようにする。クイズ形式にしたり、教科書 p.45の所定の位置にカードを置いて紹介したりするとよい。

4 Let's Read and Write 4　「わたしのセリフ」④を書く

　自分が選んだ生き物が何を食べるかを書いている。今回で定型文は終わりになるので、他にも、その生き物のことで付け足したい情報、調べてきたことも書き足すように言う。終わった子供には、書きためたものを読んでみるように伝える。

フードチェインカードを作って、生き物について説明しよう

本時の目標

伝えたい生き物の食べる、食べられるというつながりについて考え、表現に必要なカードを作って説明することができる。

準備する物

・児童用絵カード
・振り返りカード
・生き物の絵カード（掲示用）
・フードチェインカード　巻末
・ポスター用の紙

本時の言語活動のポイント

本時は、自分の選んだ生き物について、住んでいるところや食べるものについての情報を伝え合い、食物連鎖について説明する次時の環境問題に意識を高める大切な時間である。活動を行う前に、モデル映像や教師のデモを見せ、紹介のイメージを明確にし、それを伝えるためのカードを作ろうという気持ちを高めておく。ペアで伝え合う際にはフードチェインカードの上で、生き物の絵カード位置を変えながら紹介することで、言葉の位置が変わると意味も変わることを体感させたい。

【「読むこと」の記録に残す評価】

◎地球に暮らす生き物について考えるために、選んだ生き物に関して友達が書いたものを読んで意味が分かっている。
・これまで書きためたものを読み合う様子を見取って評価し、記録に残す（知・技）（思・判・表）。

本時の展開 ▶▶▶

1 Let's Chant 前時までに学習した表現を確認する

チャンツに慣れてきた頃だと思われるので、やり方を少しずつレベルアップしていく。前時までは、教師が質問して子供が答えるなどしていたが、ここでは、子供がペアを作り、質問する役と答える役を交代しながら行うようにする。様々な工夫をして行うとよい。

2 Enjoy Communication Step 1 をする

はじめに、教科書のモデル映像を視聴する。内容を確認した後、ぜひ、教師によるモデルも見せるようにしたい。その後、教科書の文や自分が書きためたものを読んで今まで学習したことを振り返る。ペアの友達と教科書を交換し、友達の書いたものも読み合う。

3 Let's Try 3　食物連鎖について伝え合おう

活動のポイント：モデル映像に加えて、教師によるモデルも見せる。

〈教師モデル例〉

Hello, everyone!
I like sea otters very much
because sea otters are cute!
Where do sea otters live?
Sea otters live in the sea.
What do sea otters eat?
Sea otters eat sea urchins.
Sea urchins eat *kombu*.
I eat sea urchins and *kombu*, too.
We all live on the earth.
We live together.
Thank you for listening.

---

3 Enjoy Communication Step 2 をする

自分で作成したフードチェインカードを使って、食物連鎖について伝え合う活動である。このときに、今まで「わたしのせりふ」に書きためた表現が使えることを確認する。他にも、教科書 p.46のヒントなどを基に、さらに付け加えたい表現を考えておくと次の発表にもつながる。

4 食物連鎖のポスターを作る （グループまたはペアなど）

３〜４人のグループ、または、ペアなどで集まり、自分が作成したフードチェインカードを見せ合いながら、食物連鎖ポスターの内容を考える。教師は、事前に子供が書きためたものを見ているので、あらかじめグループになりそうなものを見付けておくとよい。

第6時　食物連鎖のポスターを作り、工夫して伝えよう

本時の目標

　グループやペアで食物連鎖のポスターを作り、人間の自然のつながりについて考えながら、伝え方を工夫することができる。

準備する物

・児童用絵カード
・振り返りカード
・生き物の絵カード（掲示用）
・前時に作成した食物連鎖ポスター
・振り返りカード

本時の言語活動のポイント

　本時は、前時にグループなどで作成した食物連鎖のポスターを仕上げ、伝え方を考えて練習する時間である。活動を行う前に、どんなふうに紹介するかというイメージを再確認し、それを伝えるための表現や方法を考えようという視点をもって練習に臨む必要がある。

　また、本時で絶滅危惧種などについても知らせることで、自然と自分たちの関わりについても考えさせ、発表に向けて気持ちを高めていきたい。ペアグループを作って、アドバイスし合う活動を取り入れるとよい。

【「話すこと［やり取り］」の記録に残す評価】

◎本時では、食物連鎖について発表の練習をする中で、生き物同士のつながりなどについて工夫して話している姿を次時と合わせて3観点から評価する。〈行動観察〉
・食物連鎖の発表の練習をする様子を見取り、3観点から評価する。

本時の展開　▷▷▷

1　Do you know?　絶滅危惧種について知る

　Over the Horizon のうち Do you know? だけをあえて発表前に扱うことで、食物連鎖を学ぶ意味や自然と自分たちとの関わりについて考えさせる。登場する生き物全てが絶滅危惧種であることに子供たちは驚くだろう。生き物を守りたいという気持ちを高めたい。

2　食物連鎖のポスターを仕上げる

　前時に作成した食物連鎖のポスターを仕上げる。あらかじめ、発表練習を始める時間を知らせ、見通しをもってポスターを仕上げることができるようにする。よい工夫をしているグループを紹介してもよい。絶滅危惧種のこともポスターに書き入れてよいことにする。

3 Do you know? 「絶滅危惧種について考えよう」

活動のポイント：生き物を守るために、自分にできることを考える。

① Do you know? の左ページを見せ、レッドリストに載っていると思うものに〇を付けさせる。

② レッドリストに載っているものを一つずつ英語で読み上げていく。

③ 「どうしてこんなことになっているのだろう？」と問いかける。

④ 外来種の侵襲（Alien Species）、地球温暖化（global warming）、環境破壊（environmental destruction）などを確認する。

⑤ 自分たちに何ができるか問いかけ、考えを引き出す。

⑥ Do you know? の右ページを見せ、できることを読み上げ、これらはいい考えだと思うか問いかける。

⑦ ワンガリ・マータイさんが感銘を受けた言葉を考える。

⑧ 自分に何ができるかペアで話し合わせる。

＊総合的な学習の時間のようにならないように、テンポよく行う。

　また、特別の教科　道徳や環境教育、理科などと教科間連携を行って学習を進めるとよい。

3 食物連鎖のポスターを使って、発表練習をする

「話すときに工夫すること」の視点を確認してから練習を始める。はじめはグループで練習し、その後、ペアグループを組んで発表を見せ合い、アドバイスをもらうようにする。活動後に、自分たちが目標としていた視点が達成できたかどうか話し合うようにする。

4 本時の活動を振り返り、振り返りカードに記入する

振り返りカードを書く前に、今日の授業の目標と、評価の視点を全体で再度確認する。そのためには、授業のはじめに、本時の学習の見通しを子供が理解して活動を行うことが重要である。それを踏まえて、グループでどのような工夫をしたかを具体的に書くように助言する。

食物連鎖のポスターを使って、考えや気持ちを伝え合おう

本時の目標

　自然のつながりについて自分の考えや気持ちを交えながら伝えたり、それを聞いて反応を返したりすることができる。

準備する物

・児童用絵カード
・振り返りカード
・食物連鎖ポスター

本時の言語活動のポイント

　本時は、本単元のハイライトになるポスター発表の時間である。前時に見付けた話すときの工夫を確認するとともに、聞く側にはどんな工夫が必要かということも考えさせ、反応しながら聞くことができるようにしたい。

　発表の中には、食物連鎖について説明する部分と、できれば、その生き物が困っていることにも触れるなどして、自分たちの気持ちや考えを入れられるようにしたい。そのためには、ここで何を語らせたいかを考えて、これまでの指導を積み上げておくことが大切である。

【「話すこと［やり取り］」の記録に残す評価】

◎生き物同士のつながりなどについて、相手意識をもち、反応し合いながら話している様子を3観点から評価する。活動の様子を見取るとともに、ビデオなどに録画することで映像を残しておくとよい。

本時の展開 ▷▷▷

1 食物連鎖のポスターを使って、発表練習をする

　最終の練習の時間になるので、始める前に前時で見付けた「話すときの工夫」を確認し、伝えるためには、相手意識をもつことが大切であることを押さえておく。教師が短いモデルを見せるなどしてもよい。必要であれば、主な英語表現について確認してから行う。

2 Enjoy Communication Step 3 ポスターを使って発表する

　クラスを「発表するグループ」と「聞くグループ」に分け、「発表」になったグループは、ポスターを教室の壁に貼るなどしてその場所で発表する。「聞く」グループは、いろいろな発表を回るようにする。時間を決めておき、終わったら役割を替えて同様の活動を行う。

3 Enjoy Communication Step 3　ポスターを使って発表する

活動のポイント：食物連鎖のポスターを作り、相手意識をもって発表する。

〈発表例〉

All : Hello, everyone.

C1 : Do you like sea turtles? I like sea turtles.
　　　Sea turtles are cute.

C2 : Where do sea turtles live?
　　　Sea turtles live in the sea.

C3 : What do sea turtles eat? Sea turtles eat
　　　jellyfish. Sea turtles like jellyfish.

C1 : Sea turtles sometimes eat plastic bags
　　　and get sick. I'm very sad.

C2 : We all live on the earth. No plastic bag.
　　　（エコバッグを見せながら）Do you have
　　　eco-bags?

C3 : Sea turtles are on the red list.
　　　We can help sea turtles.

All : Thank you for listening.

---

3 中間指導を生かして発表する

　発表の途中で一旦止め、困ったことや言いたいけど言えない表現がないかを子供から出させ、全体で既習表現でどう工夫して表現するか共有する。後半は、この中間指導を生かした発表になるようにする。

4 本時の活動を振り返り、振り返りカードに記入する

　振り返りカードを書く前には、今日の授業の目標と、評価の視点を全体で再度確認する。本時では、発表だけでなく、聞く活動も重要なため、「話すときにした工夫」と「聞くときにした工夫」を両方書くように言う。教師からも、よかったところを伝えるようにする。

第8時 世界と日本の文化に対する理解を深めよう

本時の目標

英語の語順について理解することができるとともに、世界と日本の文化に対する理解を深めたりする。

準備する物

・児童用絵カード
・振り返りカード
・生き物の絵カード（掲示用）
・食物連鎖ポスター

本時の言語活動のポイント

本時は、単元のまとめの時間である。教師の話や映像を視聴するなど聞く活動が中心となる。しかし、子供が受け身ばかりの授業になってしまわないよう、質問に答えたり、分かったことを伝え合ったり、自分の意見を述べたりするなど、聞いたことを別の活動につなげることができるような工夫をするようにしたい。「ことば探検」では、英語は単語の位置によって意味が変わるが、日本語では「〜は」などの助詞によって意味が変わるという日本語と英語の違いに触れてもよい。

本時の展開 ▷▷▷

1 Do you know? 水の循環について、教師の話を聞く

Do you know? の内容のうち、絶滅危惧種についてはすでに扱っている。ここでは、背景のイラストを使って、水の循環について英語で説明する。説明の途中にあえて言葉を切って子供に問いかける場面を作るようにする。4年生の理科で学習した内容であるので、それも想起させるとよい。

2 ことば探検 単語の場所を入れ替えるとどうなるか考える

Bugs eat plants. と Plants eat bugs. と書いた2枚のカードを用意しておき、教科書 p.48の絵を見せ、それぞれどちらを表しているか問いかける。英語は日本語と違い、位置を入れ替えるだけで意味が変わることを確認し、語順を意識することにつなげるようにする。

語句の入れ替えで意味が変わること
が分かるよう視覚化する。

世界と日本の文化や環境に対する理解を深めよう

ことば探検

① Bugs eat plants.

② Plants eat bugs.

世界のすてき

What country? → Brazil

○ Amazon river
　(It's large!)

○ Soccer
　(It's popular!)

○ Japan town
　(In San Paulo)

---

3 世界のすてき ブラジルについての
映像や音声を視聴する

　各単元の終わりに行う、旅の案内を聞く時間
である。はじめに絵を見て分かることを出し合
い、どこの国か予想してから視聴するとよい。
視聴後、音声や映像から分かったことを発表す
る。Brazil is famous for soccer. など簡単な文を
用いて○×クイズなどをしてもよい。

4 本時及び単元の活動を振り返
り、振り返りカードに記入する

　本単元の最後の授業であるため、本時の振り
返りとともに、単元の振り返りも行うようにす
る。この学習でどんなことが分かったか、どん
なことができるようになったかを振り返ること
で、次の単元ではこうなりたいという意欲をも
てるようにする。

第6時 発表の練習をしよう

活動の概要

　第6時において、Do you know?（絶滅危惧種の部分）について学習した後、前時で作ったポスターを仕上げ、次時の発表会のために発表練習をする。練習に入る前に、発表のめあて（話すときに工夫すること）を各グループが明確にしてから、練習に入るようにする。グループ内での練習や、グループ同士で見合う練習など、スモールステップを踏んで行い、次時の本番にそれぞれ自信をもって臨める状態になるように配慮する。

活動をスムーズに進めるための6つの手立て

①　役割決め
グループとしてどんなことを伝えるか、だれが何を言うかを決める。

②　グループ練習1
計画したことを、実際に行ってみて、内容を調整する。

③　めあて決め
グループで「話すときに工夫すること」を話し合い、ホワイトボードに書く。

④　グループ練習2
時間を計って、全グループ同時に発表を行う。終わったグループは座る。

⑤　ペアグループで見合う
2つのグループでペアを組み、発表を見せ合い、アドバイスなどを行う。

⑥　練習の振り返り
各グループで、めあてを書いたホワイトボードを使って、振り返りをする。

活動前のやり取りのポイント

　各グループで、自分たちはどのような発表にして、何を伝えたいか、そのためにどんな工夫をするかということを話し合い、ホワイトボードに書いておく。これにより、発表で目指すものが明確になり、練習態度も変わってくる。練習の終わりには、そのボードを見ながら具体的に振り返りをすることができる。ホワイトボードに書くことで、内容の付け足しや修正も簡単にできる。

　練習で発表を見せ合い、アドバイスを送り合う活動は、言語活動のいろいろな場面で行われるが、視点を明確にしておかないと、発表の声やジェスチャーなど、表面的なアドバイスで終わってしまうことがある。

　そこで、グループが「発表の工夫ボード」（クラスでやる気が出るような名前を付けるとよい）に自分たちの発表の視点を書いておくと、発表する側もそれを意識することができると同時に、聞く側もそれを見た上でアドバイスできるため、アドバイスの質が上がり、発表の質を上げることにもつながる。また、こうした活動を単元や教科をまたいで行うことで、子供に人と協働して活動を行う力を養うこともできる。また、iPad などで発表の様子を撮影し、それを基にグループで振り返ることも考えられる。

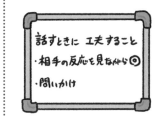

T　：How was today's presentation? Did you clear your goals?
　　　Choose the level for today. Very well, Well, or A little.
　　　'Very well', double circles. 'Well', a circle. 'A little', triangle. Draw in your board.
　　　Let's start Group meeting time!
（グループでの話し合い）
C1：No1. これは、Very well だと思う。どうしてかと言うと、ペアグループと見せ合うとき、相手に質問できたし、そのときに、相手もすごく反応してくれて、伝わったと思ったから。
C2：私も、Very well だと思う。C1 が言ったとおり、……。
（グループでの話し合いが終わった後）
T　：Group 1, can you share your ideas to the class?

最後に教師から活動の評価を伝える際には、英語表現についての指導と評価に加えて「自分たちで目標を決め、どのくらい目標に近付けたかを自分たちで評価する」という学習過程を意欲的に取り組めていたことも評価するようにしたい。子供たちの見えていない、教師から見たよかった点や今までの学習の様子と比べて成長した点なども伝えることで、次時の発表会への意欲を高めたい。

Let's think about our food.

（**8 時間**）【中心領域】話すこと［発表］、書くこと

単元の目標

・自分の「オリジナルカレー」をよく知ってもらうために、食材の産地や食べ物の栄養素などについて、自分の考えや気持ちを含めて話したり例文を参考に書いたりすることができる。

第 1・2 時	第 3・4 時
（第 1 小単元）導入	（第 2 小単元）展開①
食べ物についてのやり取りのおおよその内容を理解したり、単元のゴールを知ったりする。	食べ物とその産地について話したり書いたりする。
1　食べたものについての話を聞き取ろう 食べ物や本単元に関わる話題で Small Talk をする。登場人物が食べ物についてやり取りをする音声や映像を視聴し、分かったことをワークシートに書く。昨日食べたものについて尋ねたり話したりする。	**3　食材の産地について話せるようになろう** 食べ物や本単元に関わる話題で Small Talk をする。Let's Listen 1 の音声を聞き、食材を聞き取ったり、産地を表す表現を知ったりする。Point and Say Game や Over the Horizon の Do you know? などを通して、産地について尋ねたり答えたりする表現に慣れ親しむ。
2　ふだん食べているカレーについて話せるようになろう 教師が「オリジナルカレー」について話すのを聞いて、本単元最終の言語活動のイメージをもつ。モデル文の音声を聞いて、声に出して読んだり教科書 p.88 に書いたりする。最初の音を聞き分けて単語を 4 線上に書く。	**4　「オリジナルカレー」について話せるようになろう** Let's Sing や Let's Chant を通して、本単元で用いる表現を聞いたり言ったりする。「オリジナルカレー」について食材の産地を含めて話す。教科書 p.88 に食材の産地を書き写す。最初の音を聞き分けて単語を 4 線上に書く。

本単元について ・・・・・・・・・・・・・・・・・・・・・・・・・・・・・・

【単元の概要】

　自分たちの食生活を題材に、世界のつながりなどを「オリジナルカレー」について発表することをねらいとしている。人気のオリジナルカレーを給食で扱うなど管理職や栄養士と相談したい。

　はじめに、昨日食べたものについてのやり取りを聞き、食材の言い方に出会う。そして、食材の産地、栄養素へと話題が発展し、最後に、「オリジナルカレー」について自分の考えや気持ちを含めて発表する。食材を様々な視点から考えることで、日常生活であまり意識していないであろう食についての様々な問題に目を向けられる機会としたい。

【本単元で扱う主な語彙・表現】

《語彙》

食べ物（rice など）、食事（breakfast など）、食材（pork など）、くだもの・野菜（broccoli など）

《表現》

What did you eat for 〜? I ate 〜. I usually eat 〜. 〜 is from …. 〜 is in the … group. など

《本単元で使う既習の語彙・表現》

・国名（Brazil など）　　・値段

・This is my 〜.　　　　・How much is it?

・My curry is 〜 yen.　など

単元の評価規準

[知識・技能]：I ate 〜. I usually eat 〜. 〜 is from …. 〜 is in the … group. 及びその関連語句などについて理解しているとともに、「オリジナルカレー」について、これらの表現を用いて、話したり、書いたりしている。

[思考・判断・表現]：自分の「オリジナルカレー」をよく知ってもらうために、食材の産地や栄養素などについて、簡単な語句や基本的な表現を用いて、書いたり話したりしている。

[主体的に学習に取り組む態度]：自分の「オリジナルカレー」をよく知ってもらうために、食材の産地や栄養素などについて、簡単な語句や基本的な表現を用いて、書いたり話したりしようとしている。

第5・6時	第7・8時
（第3小単元）展開②	（第4小単元）まとめ
食べ物とその栄養素のグループについて話したり書いたりする。	自分の「オリジナルカレー」をよく知ってもらうために、書いたり話したりする。
5　食材の栄養素について話せるようになろう 食べ物や本単元に関わる話題でSmall Talkをする。Let's Listen 2の音声を聞き、栄養素のグループを聞き取ったり、表現を知ったりする。	**7　「オリジナルカレー」について書こう** 食べ物や本単元に関わる話題でSmall Talkをする。「オリジナルカレー」についての文を書き、ポスターを作る。
6　「オリジナルカレー」について食材の栄養素を話せるようになろう Let's Try 2をし、栄養素のグループを表す表現に慣れ親しむ。「オリジナルカレー」について、食材の栄養素も含めて話す。教科書p.88に食材の栄養素を書き写す。最初の音を聞き分けて単語を4線上に書いたり、音声を聞いて、絵と文字を線で結んだりする。	**8　「オリジナルカレー」を発表しよう** 「オリジナルカレー」を発表する。Over the HorizonのDo you know? やクイズを通して、世界の食糧事情について知る。

【主体的・対話的で深い学びの視点】

　前単元と同じように、自分たちの生活と世界のつながりがテーマとなる。普段当たり前のように食べている食材に目を向け、主体的に学習に取り組めるよう、子供たちにとって身近な「オリジナルカレー」を作ろうという単元のゴールを設定する。社会科や家庭科での学びを生かしたり、Over the Horizonを活用したりしながら「オリジナルカレー」を考えさせる。また、どのような語句や表現を用いると、自分の考えや気持ちがより伝わるかについても考えさせたい。そして、将来、地球人の一人として世界の人々とSDGs（持続可能な開発目標）の目標達成のため共に行動しようとする意欲を高めたい。

【評価のポイント】

　本単元では、「話すこと［発表］」と「書くこと」の2領域について記録に残す評価を行う。「話すこと［発表］」は、第6、8時の2回評価場面を設けており、「オリジナルカレー」について話す様子から各時の目標に沿って適切な評価を行う。特に、最終の発表では、「思考・判断・表現」「主体的に学習に取り組む態度」の観点から、よりよく伝わるように、聞き手に問いかけたり情報を加えて内容を膨らませたりするなどの姿を見取りたい。「書くこと」は、正しさに加え、相手に伝えるという目的のために、文字や語の間隔に配慮したり適切な語句や表現を選んだりしているかなどについても見取る。

第1時 食べたものについての話を聞き取ろう

本時の目標

　食べたものについての話を聞き、おおよその内容を聞き取ることができる。また、例文を参考に「昨日食べたもの」を書き写すことができる。

本時の言語活動のポイント

　Small Talk は、本単元につながるようなテーマを設定する。まず、教師が話し、子供とやり取りをしながらテーマに引き込む。また、既習の表現にも触れながら話し、思い出させるようにする。その後、子供同士の Small Talk に移るようにする。

準備する物

・食材などの絵カードや単語カード（掲示用）
・デジタル教材
・Picture Dictionary
・ワークシート
・振り返りカード

【「話すこと［発表］」「書くこと」の指導に生かす評価】
◎記録に残す評価は行わないが、目標に向けた指導を行う。Starting Out では、視聴させる映像を限定したり複数回聞かせたりするなど実態に応じた手立てを講じる。「食べたもの」を書き写す様子を観察し、文字と文字、語と語の間を適切に空けて、正しく書き写すことができるよう指導する。

本時の展開 ▷▷▷

1 Small Talk をする

　教師は、「朝食で食べたもの」について、子供を巻き込みながら話をし、モデルを示す。その後、子供同士で会話をさせる。1回目が終わった後、「困ったことやうまくいったこと」を共有する。そして、2回目の会話をさせる。

2 Let's Try 1 ポインティング・ゲームをする

　食材や食べ物を表す語に慣れ親しむための活動である。教師は PD（p.8〜9）の単語を言い、子供は教師が言った単語を復唱し、指さす。慣れてきたら、絵カードや単語カードを見せ、その単語を言い指さすようにする。

3 Starting Out

活動のポイント ：複数回聞かせるなどの手立てをし、内容をおおむね理解できるようにする。

What can you see? などと、教科書 p.50 〜 51 について子供とやり取りをし、聞き取りへの関心を高める。Unit 5 と同様、音声を聞いて番号を書く活動でないため、難しさを感じる子供がいるかもしれない。そこで、「食べ物に気を付けて聞いてみよう」など具体的なヒントを与える。

3 Starting Out をする

　教科書 p.50〜51の絵を指させたり、"Do you like milk?" など簡単なやり取りをしたりして子供の興味を引いた後、音声を聞かせ、ワークシートに聞き取った内容を書かせる。聞き取ったことを、本単元で扱う表現や既習表現を用いて子供とやり取りをし、確認していく。

4 Let's Read and Write 1 をする

　教科書 p.88①を見るよう告げる。例文から読める語句を挙げさせるなどして「昨夜食べたもの」について書かれていることを確認し、教師と子供で「食べたもの」についてやり取りをする。その後、PD を参照させながら食べたものを書き写させる。ペアで読み合ってもよい。

ふだん食べているカレーについて話せるようになろう

本時の目標

普段食べているものについて話すことができる。

準備する物

・食材の絵カード（掲示用）
・デジタル教材
・ワークシート
・振り返りカード

本時の言語活動のポイント

本時は教師と子供、子供同士のやり取りが主な活動となる。教師がモデルとなり、既習表現を全体で聞いたり話したりした後、子供同士の活動に移るようにする。また、モデルとなるペアの話を、全体で共有し、より豊かな言語活動となるようにしていく。

【「話すこと [発表]」の指導に生かす評価】

◎本時では、記録に残す評価は行わないが、目標に向けて指導を行う。全体やペアで「普段食べているカレー」について話している子供の活動状況を観察する。活動を途中で止めて全体的な指導をしたり個別支援をしたりするなど、必要に応じた手立てを行い、単元のゴールの活動につなげる。

本時の展開 ▷▷▷

1 Small Talk をする

教師は、「昨夜食べたもの」について、子供を巻き込みながら話をし、モデルを示す。その後、子供同士で会話をさせる。1回目が終わった後、「困ったことやうまくいったこと」を共有する。そして、2回目の会話をさせる。

2 単元のゴールを知る

子供同士で Small Talk をした後、「昨夜何を食べた人が多いか」「そのメニューは好きか」「どんな晩ご飯が好きか」などについて子供とやり取りをしながら、自然な流れで、教師が作った「オリジナルカレー」の説明に移る。

2 単元のゴールを知る

活動のポイント：単元のゴールを知り、学習の見通しがもてるようにする。

> This is my original curry.
> Pork, tomatoes, carrots and potatoes. Pork is in the red group. …
> Do you want to eat my curry?

My Original Curry and Rice

おいしそう。

I like pork, too!

教師は、ポスターを見せながら本単元での表現や既習表現を用いたり、聞き手に質問したりしながら話し、単元最終の発表者のモデルを示す。また、子供に「オリジナルカレー」について、自分なりのイメージをもつよう促しておく。

---

3 子供同士で話す

I usually eat chicken curry.

Really? You usually eat chicken curry. I usually eat beef curry.

2からの流れで、教師と子供で普段食べているカレーについて全体でやり取りをする。教師は話すモデルを示すだけではなく、"Really?" "You usually eat seafood curry." "I want to eat it." などの反応をし、聞き手としてのモデルも示す。

---

4 Let's Read and Write 2 をする

普段食べているカレーについて書こう。

モデル文が読まれるのを聞いて、声に出して読ませる。そして、ペアで話したことを基に、PD などを参照させながら「普段食べているカレー」を書き写させる。自分や友達が書いた文を読む活動を取り入れてもよい。

第3時　食材の産地について話せるようになろう

本時の目標

食材とその産地について話すことができる。

準備する物

・食材などの絵カード（掲示用）
・デジタル教材
・絵カード（児童用）
・チラシや地図帳
・振り返りカード

本時の言語活動のポイント

「オリジナルカレー」発表に向けて、食材とその産地についての表現に十分慣れ親しませる。Let's Listen 1 では、教師と子供で「昨日食べたもの」や産地についてのやり取りをした後、音声を聞かせる。Let's Try 2 では、子供同士の活動をしっかりとさせ、産地を尋ねたり答えたりする表現を身に付けさせたい。また、教科書だけでなく、店のチラシや地図帳を活用することで、食材の産地についての関心を高めたい。

【「話すこと［発表］」の指導に生かす評価】

◎本時では、記録に残す評価は行わないが、Point and Say Game の活動で、食材の産地を言っている様子を観察し、必要に応じて、目標達成に向けた適切な指導を行う。また、振り返りカードの記述についても点検し、次時の指導に生かす。

本時の展開 ▷▷▷

1　Let's Listen 1 をする

昨日食べたものについて、全体でやり取りをする。教科書 p.52の文字（I ate）を読ませ、何を聞き取ればよいのか理解させてから音声を聞かせる。"What did Hiroshi eat?" "Where is the salmon from?" などと、やり取りをしながら答え合わせをする。

2　Do you know? をする

教科書 p.58の食材を確認し、それぞれの食糧自給率を予想させる。その後、正解を告げ、Where is the pork from?" と輸入先を尋ねる。産地を尋ねたり言ったりする表現をくり返し聞かせるとともに、日本の食料生産と世界のつながりについて気付かせたい。

3 Point and Say Game

活動のポイント ：産地を尋ねたり言ったりすることができるようにする。

教科書の絵だけでなく子供がよく利用する店のチラシを活用することで、より食材を通した世界とのつながりを意識することができる。本単元では、初めて複数のものが主語になる文が出てくるが、単数複数について特に文法的な説明をする必要はなく、子供からの気付きがあればそれを共有する。

3 Let's Try 2
Point and Say Game をする

　教科書 p.56〜57を見て食材や産地について全体でやり取りをし、ゲームのやり方を理解させる。その後、ペアで食材や産地を尋ねたり言ったりするが、それらの表現を使って話すのは本活動が初めてなので、産地に限定するなど子供の学習状況に合わせた配慮、支援が大切である。

4 Let's Chant をする

　チャンツを流し、聞こえてきた語句や表現を発表させる。チャンツを再び流し、言えるところを言うように励ます。本時以降の授業のはじめにチャンツを流し、産地の言い方に慣れるようにするとよい。

「オリジナルカレー」について話せるようになろう

本時の目標

「オリジナルカレー」について話すことができる。

準備する物

・食材の絵カード（掲示用）
・デジタル教材
・チラシや地図帳
・振り返りカード
・オリジナルカレーメモ　巻末

本時の言語活動のポイント

本時は、前時に聞いたり言ったりした食材の産地を含め、「オリジナルカレー」について話をする。その際、ただ食材と産地を言うのではなく、既習の表現を用いて、自分の考えや気持ちを伝えるように促し、ゴールの活動につなげる。そのために、教師がモデルを示したり、中間評価で好例を共有したりすることが大切である。

【「話すこと［発表］」の指導に生かす評価】

◎本時では、記録に残す評価は行わないが、目標に向けて指導を行う。オリジナルカレーについて話す活動をよく観察し、指導・支援につなげる。

本時の展開 ▷▷▷

1 Let's Chant をする

産地を表す表現を確認する。チャンツを流し、言えるところについて言うように告げる。慣れてきたら、チャンツの食材と産地を子供が言いたいものに置き換えて言わせるとよい。

2 Small Talk をする

第2時に、子供同士で「普段食べているカレー」について話をしているが、ここで改めてSmall Talk として行う。Starting Out No. 2 やNo. 4 の音声を再度聞かせ、話の内容について共有してから子供同士の Small Talk をさせてもよい。

食材についての自分の考えや気持ちも話せるようにする。

「オリジナルカレー」について話そう

My original curry

This is my original curry.
Pork, tomatoes and potatoes.
The pork is from Kagoshima.

The pork is from Kagoshima.
It's delicious.

The potatoes are from Hokkaido.

The tomatoes are from Awaji island.
It's fresh.

> AさんとBさんの会話で、よいと思ったところはどこですか？どんな表現を使っていましたか？

---

3 「オリジナルカレー」について話す①

> This is my curry.
> Pork, onions, tomatoes and carrots.
> The Pork is from Kagoshima.

> Where are the tomatoes from?

　「オリジナルカレー」を考え、巻末の「オリジナルカレーメモ」に絵カードを貼らせ、食材の産地についても調べさせる。教師は、再度話すモデルを示したり、話の例を掲示したりする。ペアを替えて何度か活動させ、中間評価するなどして、本時の目標が達成できるようにする。

4 Let's Read and Write 3 をする

Original Curry

　「オリジナルカレーメモ」の4線に産地を書かせる。その中から一つを選び、教科書 p.88の③に、例文を参考にしながら書き写させる。話と話の間を空けることや国名、地名のはじめの文字を大文字にしているかについて、机間指導を行う。書いたものをペアで読み合ってもよい。

食材の栄養素について話せるようになろう

本時の目標

食材とその栄養素について話すことができる。

準備する物

・食材などの絵カード（掲示用）
・デジタル教材
・食べ物の絵カード（児童用）
・振り返りカード

本時の言語活動のポイント

「オリジナルカレー」発表に向けて、食材とその栄養素を含めて話すことがねらいである。Let's Listen 2 では、音声を聞かせる前に、家庭科での学習を思い出させ、いくつかの食材について教師と子供でやり取りをする。音声を聞いた後の答え合わせでも、〜 is in the … group. の表現を用いてやり取りをし、表現を十分に聞かせるようにする。

【「話すこと［発表］」の指導に生かす評価】

◎本時では、記録に残す評価は行わないが、目標に向けて指導を行う。記録に残さない活動や時間においても、教師が子供の学習状況を確認することが大切である。Let's Listen 2 で表現を何度も聞かせた後、Let's Try 3 の活動の様子をよく観察し、指導・支援につなげる。

本時の展開 ▷▷▷

1 Small Talk をする

「好きな食べ物」「昨日食べたもの」など本単元に関する話題で Small Talk をする。教師と ALT のやり取りを見せたり、教師と子供でやり取りをしたりした後、子供同士の Small Talk につなげてもよい。

2 Let's Listen 2 をする

教科書 p.53の図を見ながら、子供とやり取りをし、3つのグループの言い方を確認する。音声を聞かせ、巻末の絵カードを置かせる。絵カードの栄養素について話し、カードを置かせたり、Starting Out No. 5 の音声を再度聞かせたりし、表現をくり返し聞かせる。

3 Let's Try 3

活動のポイント ：くり返し言うことを通して、栄養素について話すことができるようにする。

〈最初は全員で〉 〈慣れたら一人ずつ〉

巻末の絵カードを使用する。はじめは、一人がめくったカードについて全員で言うようにすると、不安を感じている子供も自信をもって言うことができる。慣れてきたら、一人で言うようにする。

3 Let's Try 3 をする

　ペアもしくはグループになり、一人分の絵カードをひとまとめにし、絵が下になるよう置く。順番に、一人ずつカードをめくり、栄養素を言う。一人一人が自信をもって活動できるよう、全体で表現を確認した後、グループでの活動に移るとよい。

4 Let's Listen 2 をする

　PD（p. 8〜11）から３つの食品グループに当てはまる食材を一つずつ選ばせ、教科書p.53の図にある４線に書き写させる。そして、友達とそれらについて話したり読み合ったりする。食材と栄養素が合っていたら、"That's right." と言わせてもよい。

第6時 「オリジナルカレー」について 食材の栄養素を話せるようになろう

本時の目標

「オリジナルカレー」について食材の栄養素を話すことができる。

準備する物

- ・食材の絵カード（掲示用）
- ・オリジナルカレーメモ　巻末
- ・振り返りカード

本時の言語活動のポイント

本時は、前時に聞いたり言ったりした食材の栄養素を含め、「オリジナルカレー」について話をする。相手に伝える情報が、一つ増えることになる。そこで、伝えようとする内容を整理することが必要であることに、子供が気付くよう、互いに話し伝え合う活動で中間評価を行うなど、適切な支援をする。

【「話すこと［発表］」の記録に残す評価】
◎「オリジナルカレー」の栄養素について、〜 is in the … group. などの表現を用いて話している。〈行動観察〉
・「オリジナルカレー」について話す様子を見取り、記録に残す（知・技）。「努力を要する」状況にある子供については継続的に指導を行い、改善状況を見取っていく。

本時の展開 ▷▷▷

1 Small Talk をする

本単元に関わる話題を選び Small Talk をさせる。本単元での表現や既習表現を用いながら、全体でのやり取りをし、ペアでの活動に移る。好例となるペアを取り上げ、やり取りが高まるようにする。

2 Let's Try 2 Point and Say Game をする

教科書 p.56〜57の絵を使い、第3時のようにペアで活動する。今回は、食材の名前、産地に加え、栄養素についても言い、次の活動につなげる。ペアによっては会話を長く続けることも可能であろう。その場合は「好きかどうか」「味覚」についてもやり取りするように伝える。

3 「オリジナルカレー」について話す②

活動のポイント：伝える内容を整理したり追加したりできるようにする。

教師は、子供から出た意見や文・語句などを整理しながら板書し、子供が自らのスピーチをよりよいものにするためのヒントとなるようにする。

---

3 「オリジナルカレー」について話す②

第4時で作った「オリジナルカレーメモ」を用いて、ペアで話をさせる。教師は、再度「オリジナルカレー」について話し、モデルを示したり、子供とやり取りをしたりした後、ペアで活動させる。中間評価を行い、好例を共有し、スピーチの内容について、子供が改善したり追加したりしていけるようにする。

4 Let's Read and Write 4 をする

教科書 p.88の④に、例文や PD を参照させながら書き写させる。書きたい食材の栄養素のグループについて、家庭科で学習した栄養素図で事前に確認させておく。自分や友達の文を声に出して読む活動をしてもよい。教師は個別に指導・支援を行う。

第7時 「オリジナルカレー」について書こう

本時の目標

「オリジナルカレー」について、例文を参考に書くことができる。

準備する物

- 4線シート（児童用）
- 文例（掲示用）
- デジタル教材
- 振り返りカード

本時の言語活動のポイント

本時では、今まで書いてきたものを参考に、「オリジナルカレー」について、伝えたい内容を整理し書き写させる。文のはじめは大文字で書く、語と語の間を空けるなど文を書くときのきまりに注意させる。また、「オリジナルカレー」について分かってもらえるよう、読み手を意識し、読みやすいように丁寧に書かせる。

【「書くこと」の記録に残す評価】
◎「オリジナルカレー」について、例文を参考に書いている。〈行動観察〉
・紹介文を書く様子や作品から、3観点について見取る。伝えたい内容や自分の思いを丁寧に書いているか、文を書くときのきまりに気を付けて書いているかなどについて評価し、記録に残す。

本時の展開 ▷▷▷

1 Let's Chant をする

食材や産地について子供に尋ね、言葉を替えてチャンツをするように言う。チャンツの言葉を掲示し、替えた部分に絵カードや単語カードを貼る。カラオケ機能を使用し、みんなで替えたチャンツを言う。

2 Small Talk をする

「好きな給食のメニュー」など本単元とつながる話題で Small Talk をさせる。本単元での表現や既習表現を用いながら、全体でのやり取りをし、ペアでの活動に移る。好例となるペアを取り上げ、やり取りが高まるようにする。

文を書くときのきまりを意識して書くことができるようにする。

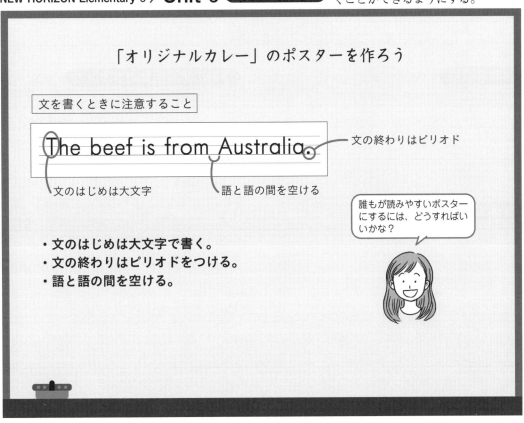

「オリジナルカレー」のポスターを作ろう

文を書くときに注意すること

The beef is from Australia.

文の終わりはピリオド

文のはじめは大文字

語と語の間を空ける

誰もが読みやすいポスターにするには、どうすればいいかな？

・文のはじめは大文字で書く。
・文の終わりはピリオドをつける。
・語と語の間を空ける。

---

3 「オリジナルカレー」の
ポスターを作る

先生みたいに産地を書こう。

　教科書 p.88に書いてきた内容や友達に話してきたことを基に「オリジナルカレー」についての紹介文を書くことを告げる。教科書 p.54のヒントや教師の「オリジナルカレー」についての話を手がかりに、伝える内容を整理させる。例文を参考に、丁寧に書かせる。

4 「オリジナルカレー」のポスターを
読み合い、完成させる

Thank you.
My curry is Healthy Curry.

Your curry is healthy.

　友達と互いの文を読み合い、カレーについて気付いたことや感想を伝え合う。全体で、友達のカレーについての感想を発表させる。それらをヒントに「オリジナルカレー」の名前を考えポスターに書かせたり、絵や写真などを貼ったりしてポスターを完成させる。

第8時 「オリジナルカレー」を発表しよう

本時の目標

自分の「オリジナルカレー」をよく知ってもらうために、食材の産地や栄養素などについて、自分の考えや気持ちなどを含めて話すことができる。

準備する物

・食材の絵カード（掲示用）
・「オリジナルカレー」ポスター
・振り返りカード

本時の言語活動のポイント

本時は、食材の産地や栄養素を含め、「オリジナルカレー」について話をする。食材に対する自分の考えや思いが伝わるよう、前時で作成したポスターやジェスチャーなどを効果的に使いながら発表させる。そして、みんなが考えた「オリジナルカレー」や Do you know? の資料から、食糧問題についての関心を高め、普段の生活の中でできることから実践しようとする態度も育てたい。

【「話すこと［発表］」の記録に残す評価】

◎自分の「オリジナルカレー」をよく知ってもらうために、食材の産地や栄養素などについて、自分の考えや気持ちなどを含めて話している。〈行動観察〉
・自分の「オリジナルカレー」をよく知ってもらうために、自分の考えや気持ちを含めてどのような内容をどのように発表しているか、その様子から見取る（思・判・表）（態）。

本時の展開 ▷▷▷

1 Small Talk をする

> 2人のよかったところはどこですか？

> 相手はどうか、質問しているところです。

本単元に関わる話題を選び Small Talk をさせる。本単元での表現や既習表現を用いながら、全体でのやり取りをし、ペアでの活動に移る。好例となるペアを取り上げ、やり取りが高まるようにする。

2 「オリジナルカレー」を発表する

> This is my Healthy Curry. Onions, tomatoes, potatoes and pork. The pork is from Miyazaki.

教師（できれば学級担任以外）や ALT の「オリジナルカレー」を話し、発表のイメージをもたせる。話し方や聞き方について確認した後、グループになり、一人ずつ発表させる。中間指導を行い、発表に生かせるようにする。

2 「オリジナルカレー」を発表する

活動のポイント : 話したり聞いたりするときに工夫したことを発表させ、よりよい
発表となるようにする。

This is my Healthy Curry!

タイトルのHealthy Curry
がとてもいいね。

ゆっくりはっきり
言ったから、よく
分かったよ。

野菜はみんな緑のグループだか
ら、まとめて言った方がいいよ。

教師は、グループを回り、話し方や聞き方の好例をピックアップし、全体で共有するように
する。

3 Over the Horizon：Do you know? をする

Do you like carrots?

No, I don't.

Today's lunch had onion.
Did you eat onion?

　給食メニューの好き嫌いや嫌いなメニューの
ときはどうするのかなど、食糧問題に関するこ
とで子供にとって身近なテーマでやり取りをす
る。その後、教科書 p.59の日本や世界の食糧
事情の資料を見て、考えたことを発表させる。

4 単元の振り返りをする

産地を言うのが難しかったけれど、
言えるようになったかな？

　単元最後の振り返りである。できるように
なったことや努力したことなどについて自らの
学びを振り返らせる。振り返りを発表させ、互
いの学びについて感想を伝え合ったり、教師が
価値付けしたりすることで、成長を実感できる
ようにしたい。

本単元の Key Activity

第8時 「オリジナルカレー」の発表

活動の概要

「オリジナルカレー」について本単元での表現や既習の表現を用いて、自分の考えや思いを含めて伝える。まず、教師や ALT が「オリジナルカレー」について紹介し、モデルを示す。そのことにより、自分の思いを伝えたい、友達がどのような思いをもって「オリジナルカレー」を考えたのか聞きたいという意欲を高める。活動を通して、食糧問題を自分のこととして捉え、身近なことから実践していこうとする態度も育てたい。

活動をスムーズに進めるための3つの手立て

① 教師（ALT）の話	② ペア活動	③ 中間指導
教師（ALT）の「オリジナルカレー」について話し、モデルを示す。	自信をもって活動することができるよう、ペアで練習する。	前半の活動について指導をし後半に生かす。

 This is my World Curry.

友達の発表のよかったところはどこでしたか？

活動前のやり取り例

T ： This is my original curry. Power-up curry. Pork is in the red group.
　　 The pork is from Kagoshima. It's sweet and juicy. Carrots are in the green group.
　　 The carrots are from Tokushima. It's fresh. Do you want to eat my curry?
C 1 ： Yes, I do. I like pork.
T ： How about you, ○○さん？
C 2 ： I want to eat your curry. Where is the beef from?
T ： The beef is from Mie.
C 2 ： Mie? *Matsusaka-gyu*?
T ： Yes. Delicious!

活動前のやり取りのポイント

教師は「オリジナルカレー」について、ポスターやジェスチャーを効果的に用いたり既習表現を使ったりするなど、相手に伝えるための工夫例をモデルとして示す。教師のモデルを見て気付いたことを発表させるなどして、どうすれば相手によく知ってもらえるか、コミュニケーションのポイントを確認し、全体で共有した後、子供たちの発表に移る。

　「オリジナルカレー」に込めた思いや考えを伝えるために相手を意識した話し方を大切にさせたい。ペアでの練習では、よかったところや改善点を伝え合い、自分の発表に生かせるようにする。また、中間指導を行い、話したり聞いたりする好例を共有し、よりよい発表となるようにしていく。

活動後のやり取り例

T　　：○○さん、your original curry is Healthy Curry?
C 1　：Yes.
T　　：Where is the chicken from, everyone?
C 2　：Brazil?
T　　：みんなで聞いてみましょう。
All　：Where is the chicken from?
C 1　：The chicken is from Tokushima. *Sudachi-dori*. It's delicious.
C 2　：My original chicken curry. The chicken is from Aichi. *Nagoya-kochin*. It's juicy.
　　　　同じ食材だけど、選んだ産地が違うね。

活動後のやり取りのポイント

活動後のやり取りでは、同じ食材でも産地が違ったり、その食材についての感じ方が違ったりすることに気付かせたい。例えば、同じ鶏肉でもブラジルからの輸入品を選ぶ子もいれば国内産のブランド鶏と言われるものを選ぶ子もいるであろう。食に対する考え方の違いや食糧問題についても気付かせていきたい。

Check Your Steps

（2時間）【中心領域】聞くこと、話すこと［発表］

単元の目標

・自分の好きなことや大事にしているものが世界の国や場所とつながっていることについて、発表メモで内容を考えたり、その内容を整理したりしながら、聞き手に分かりやすく話したり具体的な情報を聞き取ったりすることができる。

単元計画

これまでの学習内容

◉ Unit 4 Summer Vacation in the World

I want to 〜. I enjoyed 〜. I ate 〜. It was 〜. などを用いて、夏休みの思い出を紹介する。

◉ Unit 5   We all live on the Earth.

Where do 〜 live? 〜 live in …. What do 〜 eat? 〜 eat …. などを用いて、食物連鎖について発表する。

◉ Unit 6 Let's think about our food.

I ate 〜 last night. I usually eat 〜. 〜 is from …. 〜 is in the … group. などを用いて、オリジナルカレーを発表する。

Unit 4〜6の学習内容（指導してきたこと）を総括的に評価し、指導改善や学習改善に生かすために、Check Your Steps（2時間扱い）を設定

本単元について

【単元の概要】

　事前に自分の好きなことや大事にしているものについて、ウェビングマップを作成しておく。その中から、世界とつながっているものを見付け、「世界とつながる私」として発表する単元である。発表メモで内容を考え、整理したら、発表用のウィンドウシートを家庭学習で作成し、発表に臨ませる。伝えたいことがはっきり伝わるように発表メモで内容の構成を工夫し、既習表現を使って発表させる。自分の大好きなものや大切なことを通じて世界と自分とのつながりを意識することで、自分の可能性を広げ、以降の学習への意欲につなぎたい。

【本活動で想定される言語材料】

《語彙》

したこと、自然、食べ物、デザート、味、海の生き物、身体、動物、虫など

《表現》

(Unit 4) I want to 〜. I enjoyed 〜.
　　　　　 I ate 〜. It was 〜.
(Unit 5) Where do 〜 live? 〜 live ….
　　　　　 What do 〜 eat?
(Unit 6) I ate 〜 last night.
　　　　　 I usually eat 〜. 〜 is from ….
　　　　　 〜 is in the … group.

単元の評価規準

[知識・技能]：Unit 4 ～ 6 で学習した語句や表現について理解しているとともに、それらを用いて、自分の好きなことや大事にしているものが世界の様々な国や場所とつながっていることについて話す技能を身に付けている。

[思考・判断・表現]：互いに自分のことを分かり合うために、「世界とつながる私」について、聞き手に分かりやすく話したり、具体的な情報を聞き取ったりしている。

[主体的に学習に取り組む態度]：互いに自分のことを分かり合うために、「世界とつながる私」について、聞き手に分かりやすく話したり、具体的な情報を聞き取ったりしようとしている。

第 1 時	第 2 時
導入・展開	まとめ
「世界とつながる私」について発表する内容や発表の仕方を考える。	「世界とつながる私」を発表する。
HOP：発表に向けた学習の見通しをもとう 　ALT の発表を聞き、ALT の好きなことや大事にしているものと世界とのつながりを知る。自分の好きなことや大事にしているものから世界とのつながりを見付け発表しようと意欲をもつ。ALT の発表手順を知り、既習語句や表現をいくつかの活動を通して思い出す。 **STEP：「世界につながる私」の発表を準備しよう** 　事前に作成したウェビングマップを使用し、世界とのつながりを見付ける。発表内容を発表メモに整理し、既習語句や表現を使って、どのような英語で話すか考える。発表には「何がどこにつながっているか」や「つながるもの（こと）への思い」、選んだ理由も加えることを確認し、次時に向け、家庭学習でウィンドウシートを作成する。	**JUMP：「世界とつながる私」のウィンドウシートを見せ、分かりやすく発表しよう** 　前時に考えた紹介する内容や使う英語の語句や表現についてもう一度確かめる。シートに並べている項目について、話す順序を工夫したり、伝わりやすい話し方（①声の大きさや速さ②目線③写真を指す④ジェスチャーや表情）を工夫したりする。自分の伝えたいことをはっきり話すことや、それを選んだ理由なども加えるよう意識させ、聞き手に分かりやすく話すように準備する。ペアやグループでアドバイスし合ったことを生かして、発表する。 　全員のシートを黒板に掲示し、自分たちの好きなことや大事にしているものを通して、6 年生の教室から世界のどんな国々とつながっているかを知り、感想を交流し学習のまとめとする。

【主体的・対話的で深い学びの視点】

　事前に作成した自分の好きなことや大事にしているものについてのウェビングマップを基に、自分と世界とのつながりについてスピーチすることで、伝えたいことが明確になる。加えて、自分の好きなことや大事にしているものについての発信なので、自分の思いも込めて意欲的に活動できると考える。6 年生の学習も後半にさしかかり、それまで学んだことを生かして自分の伝えたいことをはっきりと話すことや、理由なども加えて詳しく話すことについて、意識させたい。そのために、何をどんな順番で伝えるか、伝わりやすい話し方についてお互いのアドバイスを生かして自己調整させたい。

【評価のポイント】

　第 1 時で既習語句や表現について十分使えているか、自分の好きなことや大事にしているものから内容を選び、話す順序を考えたり、既習の英語表現を考えたりしているか、その様子を観察し、不十分な子供には個別に支援をしておく。第 2 時で、互いのことをよく分かり合うために工夫して話したり聞き取ったりしている様子を見取る。3 つの単元に係る総括的評価の場として、子供にも単元のめあてを明確に示し、既習の学びを生かすような指導を行いたい。

「世界とつながる私」について発表する内容や発表の仕方を考えよう

本時の目標

　Unit 4 ～ 6 で学習した語句や表現を使って自分の好きなことや大事にしているものが世界とつながっていることについて話すことができる。

準備する物

・指導者用デジタルブック
・Picture Dictionary
・ALT デモ用ウェビングマップ、発表メモ、ウィンドウシート
・振り返りカード

本時の言語活動のポイント

　「世界とつながる私」を発表することを知らせ、学習の見通しをもたせる。次時の紹介本番に向けて、本時では好きなことや大事にしているもののウェビングマップから、世界とつながる項目を選び、発表する内容を考える。その際は、「何がどこにつながっているか」「つながるものについての自分の思い」に加えて、できればその理由なども話せるよう、発表メモを使って話す内容や構成（順番）を工夫させる。次に Unit 4 ～ 6 で学習した語句や表現を使って、どのような英語で話すか考える。

【「話すこと［発表］」の指導に生かす評価】

◎子供がスピーチの準備や練習をする様子を中心に見取る。次時に目標に到達できないことが予想される子には、一緒に発表内容を考えるなど個別に支援する。

本時の展開 ▷▷▷

1 単元のめあてを知り、Unit 4 ～ 6 で学習した内容を振り返る

　ALT の「世界とつながる私」の発表を聞き、自分と世界とのつながりを見付けて発表しようと単元のめあてを知る。Unit 4 ～ 6 の既習表現をチャンツや歌で確認したり、成果物をファイルで確かめたり、ALT の表現を想起したりして、発表に使えそうな英語表現を考える。

2 ウェビングマップから発表する内容を考える

　事前に用意したウェビングマップから、世界とつながっているものを 1 つ選び、発表する内容を考える。「何がどこにつながっているか」「自分はそのことにどんな思いをもっているか」をはっきり述べ、理由なども加えられるように、発表メモを使って話す順番も工夫する。

1 ALTの発表を聞く

活動のポイント ：Unit4〜6のチャンツや歌に出てくる表現やALTが紹介に使った表現を例示し、自分の発表の英語表現を考える際の参考にさせる。

〈ALTのデモ例〉
Hello.
This is my hula dress.
Hula is Hawaiian dance.
I can dance the hula.
I sometimes wear it.
I went to Hawaii last year.
I enjoyed the hula show.
I want to go to Hawaii and dance the hula on the beach in Hawaii.
Thank you.

3 ウィンドウシートを使ってどんな英語で話すか考え、練習する

ウィンドウシートに選んだ内容の写真などやつながる国の国旗を貼ったり国名を4線シートに書いたりすることを知る。実際の作業は家庭学習で行う。発表メモの内容をどんな英語にするか考え、ペアで話を聞き合い、話したい内容が伝わるかどうか、互いにアドバイスし合う。

4 本時の振り返りをし、次時の活動に見通しをもつ

「『世界につながる私』の内容や英語での言い方を考えて準備ができたかな」と、本時のめあてが達成できたかを振り返る。ペアでのアドバイスを参考にして、次時は家庭学習でウィンドウシートを作成し、それを使って全員が発表することを知る。

第2時 「世界とつながる私」を発表しよう

本時の目標

「世界とつながる私」について、発表メモで内容を考えたり、整理したりして、既習の語句や表現などを用いて分かりやすく話したり、具体的な情報を聞き取ったりすることができる。

準備する物

・指導者用デジタルブック
・Picture Dictionary　・振り返りカード
・発表に使用するウェビングマップ、発表メモ、ウィンドウシート

本時の言語活動のポイント

前時に考えた「世界につながる私」の内容や英語での言い方を、再度ペアで紹介し合いアドバイスし合う。「何がどこにつながっているか」「自分はそのことにどんな思いをもっているか」がはっきり伝わるか、その他、理由なども加えて、話すことの順番なども工夫しているか、使う英語表現についてもお互いに確認する。全員に発表させるが、クラスのサイズによってはグループ内での発表など、学習形態を工夫したい。

【「聞くこと」「話すこと [発表]」の記録に残す評価】
◎「世界とつながる私」について、既習の語句や表現を用いて、発表メモで考えた内容を整理し、聞き手に分かりやすく話したり、具体的な情報を聞き取ったりしている。〈行動観察・振り返りカード記述分析〉　・子供の様子を3観点から見取り、評価する。

本時の展開 ▷▷▷

1 ウィンドウシートを使って個人練習をする

家庭学習で用意したウィンドウシートを使って、発表メモの内容を実際に英語で話してみる。シートの写真を指さすなど、ジェスチャーなども工夫する。必要であれば発表メモを見ながら話す内容を確認して発表練習する。

2 ペアでお互いの発表を聞き合いアドバイスし合う

ペアでお互いの発表を聞き合い、アドバイスし合う。「何がどこにつながっているか」「自分はそのことにどんな思いをもっているか」がはっきり伝わるか、理由なども加えて、話すことの順番なども工夫しているか、使う英語表現について互いに確認する。

3 「世界とつながる私」の発表をする

活動のポイント ：ペアでアドバイスし合ったことを意識して発表する。

○発表メモ

発表用メモ　　　　××年 △△組 ○○ ○○○

（ バスケットボール ）が（ アメリカ ）につながる

① バスケットボールが好き
② バスケットボールの試合を日曜日に見る
③ アメリカに行って試合が見たい

○ウィンドウシート

This is my
basketball.

I want to play
basketball
in America.

○発表例

Hello.
This is my basketball.
I like playing basketball. I can play basketball well.
I usually watch basketball games on TV on Sundays. I want to go to America.
I want to watch games in America.
Thank you.

○一言感想シート

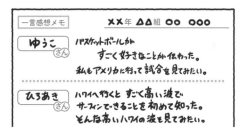

一言感想メモ　　　　××年 △△組 ○○ ○○○

ゆうこ さん　バスケットボールがすごく好きなことが伝わった。私もアメリカに行って試合を見てみたい。

ひろあき さん　ハワイへ行くとすごく高い波でサーフィンできることを初めて知った。そんな高いハワイの波を見てみたい。

3 「世界とつながる私」の
発表をする

Hello.
This is my basketball.

全体の前で発表をする。ペアでアドバイスし合ったことを各自が意識して発表する。発表した子供のウィンドウシートを黒板に貼り、全員の発表が終了したときにたくさんの国の国旗や名前が黒板に見えるようにする。聞き手は心に残ったことについてシートに記入する。

4 本単元の振り返りをする

感想シートにどんなことを書いたかな？

黒板に貼られた国旗や国の名前を前に、単元の振り返りをする。聞き手として一言感想シートに記入したことや、発表者としてめあてが達成できたかなどについて意見交流する。振り返りシートには、今回学んだことで、次の学習に生かしたいことを記述させ、次単元へつなぐ。

My Best Memory

7

（8 時間） 【中心領域】読むこと、話すこと［発表］、書くこと

単元の目標

・小学校生活の思い出を知ってもらうために、思い出の行事やその理由について、伝えようとする内容を整理した上で、自分の考えや気持ちなどを含めて話したり、書いたりすることができる。また、相手のことをよく知るために、小学校生活の思い出について書かれた友達の考えや気持ちなどを推測しながら読んで意味が分かる。

第1・2時	第3・4時
（第1小単元）導入	（第2小単元）展開①
教師のやり取りや映像から本単元のめあてをつかみ、新しい語句や表現を知る。	思い出の行事とその理由について、尋ねたり答えたりする。
1 学校行事の言い方や思い出を表す表現を知ろう 教師の Small Talk（What event? クイズ）により、本単元の題材を知る。ポインティング・ゲームやチャンツを通して行事の言い方に慣れ親しむ。Starting Out（No. 1 ～ 4）で、日本や世界の子供たちの小学校生活の思い出を聞く。	**3 思い出の行事とその理由について話そう1** Let's Listen 1 や Who am I? クイズの活動を通して、思い出の行事とその理由を聞き、表現に慣れ親しむ。「ことば探険」の活動を通して、英語らしいリズムの言い方に気付く。Let's Try 2 の活動では、修学旅行についてペアで話す。
2 思い出の行事について話そう Small Talk で週末について話した後、チャンツを通して行事の言い方や思い出を表す表現に慣れ親しむ。Starting Out（No. 5 ～ 8）で、日本や世界の子供たちの小学校の思い出を聞く。教師が実際の写真で思い出の行事について話し、単元のゴールを示す。	**4 思い出の行事とその理由について話そう2** Let's Listen 2 の音声を聞き、絵に対する感想を聞き取り書き写す。ぴったりゲームで表現に慣れ親しんだ後、一番思い出に残った行事を尋ね合う。自分が思い出に残った行事を英語で書き、ペアで尋ね合う。自分が伝えたい「楽しかったこと」を書く。

本単元について

【単元の概要】

　本単元では、卒業を前に6年間の小学校生活を振り返り、思い出の行事などについて発表する。日本や世界の子供たちの思い出について聞いたり、学校行事を通してこれまでの生活を振り返ったりしながら、伝えたいことを英語で表現するために、We went to ～. I enjoyed ～. などの過去形を使用する。一人一人が思いを込めてアルバムを仕上げたり、お互いに読み合ったりする活動を設定することで、「読むこと」や「書くこと」への必然性が生まれるだろう。自分の思いを安心して話すことができる受容的な学級の雰囲気の中で、発表することの楽しさや喜びを感じられる単元にしたい。

【本単元で扱う主な語彙・表現】

《語彙》学校行事（chorus contest など）、
したこと（went など）、建物（temple など）
動作など（sing, play など）

《表現》My best memory is ～. We went ～.
We saw ～. I enjoyed ～. など

《本単元で使う既習の語彙・表現》

・My best memory is ～.

・How was it?　　　　　　・It was ～.

・What is your best memory?

・What did you do on your weekend?

・Listen carefully.　　　・Please watch us.

・Let's play the ～.

単元の評価規準

[知識・技能]：My best memory is 〜. We went/saw 〜.及びその関連語句などについて、理解しているとともに、書かれたものを読んで意味が分かっている。また、小学校生活の思い出などについて、これらの表現を用いて、話したり書いたりしている。

[思考・判断・表現]：小学校生活の思い出を知ってもらうために、思い出の行事やその理由について、自分の考えや気持ちなどがを含めて話したり、書いたりしている。また、友達の考えや気持ちなどが書かれたものを読んで、意味が分かっている。

[主体的に学習に取り組む態度]：小学校生活の思い出を知ってもらうために、思い出の行事やその理由について、自分の考えや気持ちなどを含めて話したり、書いたりしようとしている。

第5・6時	第7・8時
（第3小単元）展開②	（第4小単元）まとめ
自分が伝えたい行事を選び、書かれた例文を参考に、思い出のアルバムシートを書く。	小学校生活の思い出を知ってもらうために、思い出のアルバムを紹介し合ったり、読んだりする。
5　小学校生活の思い出を書こう 歌やチャンツで思い出を表す表現に慣れ親しむ。Enjoy Communication Step 3 のモデル映像を視聴し、思い出を紹介するイメージをもった後、Step 1 の音声を聞く。Enjoy Communication Step 2 の活動で、アルバムシートを書く。 **6　思い出のアルバムを作ろう** Small Talk で週末のできごとについて話した後、ALT の思い出のアルバム紹介を見る。思い出のアルバムを仕上げる。次時の紹介に向けて、ペアでアルバムシートを紹介し、アドバイスし合う。	**7　思い出のアルバムを紹介しよう** 話すときや聞くときに工夫したいことを考えて発表する。グループで思い出のアルバムを紹介し合う。全体で発表し、感想を交流する。 **8　思い出のアルバムを読み合おう** Small Talk で ALT の小学生の頃の思い出について聞く。Over the Horizon「世界の学校生活について考えよう。」の活動から日本との違いなどに気付く。友達が書いたアルバムシートをお互いに読み合う。Over the Horizon「世界のすてき」を視聴し、ガーナについて知る。

【主体的・対話的で深い学びの視点】

　単元終末の発表では、お世話になった ALT や交流した留学生にも紹介する場を設定するなど、相手意識を明確にすることで、自分たちの小学校のことを覚えていてもらえるように思い出を伝えようと、子供たちの「伝えたい」という意欲を高めることができる。

　また本単元は、卒業に向けた文集づくりなどと同様の時期に実施すると考えられる。作成した思い出のアルバムを卒業文集と共に冊子にしたり、国語科での作文やスピーチと関連させたりするなど、教科等横断的な視点に立った単元計画により、子供たちの主体的な活動や豊かで深い学びを促したい。

【評価のポイント】

　「読むこと」「話すこと［発表］」「書くこと」の3領域について記録に残す評価を行う。「読むこと」については、作成した思い出アルバムを互いに読み合い、分かったことを記載している内容から適切な評価を行うが、「主体的に学習に取り組む態度」については、本単元では記録に残す評価は行わず、複数単元にまたがって評価を行うことも考えられる。「話すこと［発表］」については、子供がペアやグループで発表する様子から、「書くこと」については、書かれた例文を参考にしながら、書いた思い出のアルバムの内容を基に適切な評価を行う。

第1時 学校行事の言い方や思い出を表す表現を知ろう

本時の目標

学校行事の言い方や小学校生活の思い出を表す表現について理解する。

準備する物

・行事の絵カード（掲示用）
・クイズ用写真
・デジタル教材
・ワークシート
・Picture Dictionary
・振り返りカード

本時の言語活動のポイント

本単元の導入となる What event? クイズでは、子供たちがこれまでに経験した様々な行事の写真を提示し、学級全体で思い出を想起しながら新しい表現に出会わせたい。ヒントには既習の表現である went, saw, ate, enjoyed などの過去形を用い、単元最終の発表内容へとつながるようにする。子供が「修学旅行」と答えた後、すぐに "school trip" と示すのではなく、"How do you say 修学旅行 in English?" と問いかけ、推測させてもよいだろう。

【「話すこと［発表］」の指導に生かす評価】

◎本時では、記録に残す評価は行わないが、目標に向けて指導を行う。子供の学習状況を記録に残さない活動や時間においても、教師が子供の学習状況を確認する。初めて学校行事や思い出を表す言い方に出会う本時では、それらの表現をくり返し聞かせるようにする。

本時の展開 ▷▷▷

1 What event? クイズをする

導入場面で子供の関心を高めるために実際の写真は有効である。板書にも写真と絵カードを合わせて掲示すると、新しい表現が自分たちの行事と結び付き、より身近に感じられると考えられる。写真が用意できない場合は教科書p.64〜65を使ってやり取りするとよい。

2 ポインティング・ゲームをする、Let's Chant をする

新しい表現を導入後、ポインティング・ゲームやチャンツを通して表現に慣れ親しませる。ポインティング・ゲームは、教師の言った単語をくり返し、自分の紙面を押さえる他、ペアで一冊使用し一緒に探したり、友達より速く押さえたりするなど変化に富んだ方法で実施できる。

1 What event? クイズ

活動のポイント：これまでの学校行事の写真を提示し、子供たちの興味を高める。

〈授業の導入場面〉

T ：Now, I have a quiz. What event? クイズ.
I'll show you some pictures.
Please guess. What event is this?
（修学旅行の写真を提示する。事前に写真を
すりガラス風に加工したり一部を隠したり
しておくと、子供たちの興味が高まる。）

C1 ：運動会かなあ。

C2 ：Hint, please.

T ：Do you need more hint? OK.
We saw many temples.

C3 ：Temples? お寺？

T ：Yes. We went to Kyoto.

C4 ：あっ、修学旅行だ！

T ：That's right.

3 Starting Out　No. 1 ～ 4 を聞く

　日本や世界の子供たちの小学校生活の思い出
について聞く活動である。音声を聞く前に教科
書 p.64 を提示し、自分の学校行事との共通点や
違いなどをやり取りする。「遠足ではどんなとこ
ろに行ったんだろう」など「聞いてみたい」と
いう気持ちを高めてから音声を聞かせたい。

4 Let's Sing "For Seasons" を歌う

　本単元を通して歌う歌を紹介する。はじめに
「どんな言葉が聞こえるかな」と曲を聞かせ、
子供たちが聞き取れた表現を発表させる。1
年間の様々な思い出を振り返っている曲である
ことを共有し、仲間との日々に思いを馳せなが
ら、温かい雰囲気の中で歌えるようにしたい。

思い出の行事について話そう

本時の目標

思い出の行事について話すことができる。

準備する物

- 行事の絵カード（掲示用）
- デジタル教材
- Picture Dictionary
- ワークシート
- HRT の思い出のアルバム
- 振り返りカード

本時の言語活動のポイント

Small Talk で、週末にしたことを話題として提供する。教師同士がI went to ～. I saw～. I ate ～. I enjoyed ～.などの表現を使って話し、教師と子供、子供同士でも同様のやり取りを行う。ペアで話す経験をくり返すことで、反応しながら聞いたり、より詳しく質問したりする「聞く力」を育てることができる。「話し手」は次のペアとの会話では、質問されたことを生かして分かりやすい表現で言い換えたり、詳しく説明したりしようする。「話し手」と「聞き手」の両方を育てる機会としたい。

【「話すこと［発表］」の指導に生かす評価】

◎本時では、記録に残す評価は行わないが、目標に向けて指導を行う。子供の学習状況を記録に残さない活動や時間においても、思い出の行事についての表現に十分に言い慣れるよう、子供の学習状況を確認しながら個別に支援する。

本時の展開 ▷▷▷

1 Small Talk 週末にしたことについて話す

I went to ～. I saw ～. I ate ～.などは既習表現であるが、一人で話すことを不安に思う子供もいると考えられる。ペアで自由に話す場合には事前に絵カードなどを用いて確認したり、個別に支援をしたりし、安心して会話を楽しめるための配慮をしたい。

2 Let's Chant "What is your best memory?" をする

学習した語彙の現在形と過去形を比較しながらくり返すチャンツである。go と went、eat と ate を交互に言っており、リズムに乗って比べながら言い慣れるようになっている。自分の思い出を話す際に自信をもって発話できるよう、単元を通して設定されている。

1 Small Talk 週末にしたこと

活動のポイント ：過去形を使うテーマを設定し、既習表現を活用する機会とする。

〈教師同士の会話〉　　〈教師と子供の会話〉　　〈子供同士の会話〉

What did you do on the weekend?

How about you?

I ate ice cream.
Do you like ice cream?

I went shopping last Sunday.

I enjoyed playing soccer.

Yes, I do. I like strawberry ice cream.

3 Starting Out No. 5〜8を聞く、HRT の思い出を聞く

My best memory is our school trip.
We went to Osaka.

　前時と同様、日本や世界の子供たちの小学校生活の思い出について聞く活動の後、教師が思い出の行事について話す。写真などを用い、子供たちとの日々を振り返りながら話すことで、単元のゴールを明確にする。子供が作成する思い出のアルバムと同様の形式にしておくとよい。

4 Let's Read and Write 2 「行ったところ」を書く

行ったところを書いてみよう。

　モデル文の音声を聞かせた上で、モデル文を見ながら声に出して読ませる。その後 PD を参考にしながら、自分が伝えたい「行ったところ」を教科書 p.89に書く。書く際には教科書 p.32の書くときのルールを常に意識させながら、ゆっくり丁寧に書けるように助言する。

思い出の行事と
その理由について話そう1

本時の目標

思い出の行事とその理由について話すことができる。

準備する物

- 行事の絵カード（掲示用）
- デジタル教材
- Picture Dictionary
- ワークシート
- Who am I? クイズ用写真など
- 振り返りカード

本時の言語活動のポイント

子供にとって身近な校内の先生について出題するWho am I? クイズは、子供たちが楽しんで取り組む活動である。Let's Listen 1の代わりに行うことも可能で、「聞いてみたい」「知りたい」という意欲を高めることができる。年度初めに校内の先生の写真を撮っておくと様々な学年や単元の中で活用することができ、身近な教材となる。授業が終わった後に、その先生のところに行ってクイズの内容を話したり、思い出についてさら質問したりしてコミュニケーションを楽しむ子供たちの姿も見られるだろう。

【「話すこと［発表］」の指導に生かす評価】

◎本時では、記録に残す評価は行わないが、目標に向けて指導を行う。子供の学習状況を記録に残さない活動や時間においても、教師が子供の学習状況を確認する。
- 修学旅行についてペアで話す活動を中心に見取り、個別に支援をして子供の学習改善につなげる。

本時の展開 ▷▷▷

1 Let's Listen 1 をする

登場人物の学校行事についての話を聞いて、内容に合うイラストを線で結ぶ活動である。実施している行事は学校によって違うため、まず紙面の絵の内容を確認し、どんな話かを予想してから、聞かせるようにする。また、子供の様子を見ながら、再度聞かせてもよい。

2 Who am I？クイズをする

過去の学級担任や専科担当、養護教諭など、子供と関わりの深い先生にあらかじめ聞いた情報を基に、クイズをする。ALTがその先生になりきって思い出を話し、子供たちはそれが誰の思い出かを推測する。興味をもって聞くことで、自分の修学旅行の思い出を話す活動へとつなげる。

顔写真を掲示するなど、子供たちが
意欲的に取り組むきっかけを作る。

Unit 7　My Best Memory　小学校生活の思い出を伝え合おう

めあて 思い出の行事とその理由について話せるようになろう

My best memory is
our school trip.
We went to Nara.
We saw many deer.
It was fun.

My best memory is
our sports day.
We enjoyed running and
dancing.
It was exciting.

My best memory is
our music festival.
I saw your concert.
It was wonderful.

---

3 「ことば探検」をする

> We went to Kyoto in…?
> みんなの思い出に替えて言ってみましょう。
> May!

　まず、教師が紙面の文を読み、モデルを示す。黒丸の部分を強く長く言うと英語らしいリズムなることに気付かせ、練習させる。何度かくり返した後、行った場所や見たもの、楽しんだことを自分の思い出に置き換えてみるように促し、自分の思い出も英語らしく言おうとする意識を高める。

---

4 Let's Try 2
修学旅行についてペアで話す

> My best memory
> is our school trip.
> What did you see?
> We saw
> many temples.

　「ことば探検」で練習したことを生かして、修学旅行の思い出についてペアで尋ね合う。教科書の例は「見たもの」になっているが、「行った場所」や「食べた物」についてもやり取りするように伝え、教師は個別に支援をする。

第4時 思い出の行事とその理由について話そう2

本時の目標

思い出の行事とその理由について話すことができる。

準備する物

・行事の絵カード（掲示用）
・デジタル教材
・Picture Dictionary
・振り返りカード
・アルバムシート 巻末

本時の言語活動のポイント

ぴったりゲームで表現に十分言い慣れ、Let's Try 3では、ペアで思い出の行事について尋ね合う。ペアで話す際には、決まった表現だけでなく、聞いたことに対して反応したり質問したりできるよう、事前によいコミュニケーションのモデルを示しておくとよい。反応や質問に使える表現を文字にして提示しておく方法もあるが、使用する表現は限定しないようにする。また、活動途中で中間指導を行い、よいやり取りをしているペアを全体に紹介することで、後半の活動での学習改善につながるようにする。

【「話すこと［発表］」の指導に生かす評価】

◎小学校生活の思い出などについて、My best memory is 〜. We went/saw 〜. などの表現を用いて話している様子を観察し、気付いたことをメモしておく。

本時の展開 ▷▷▷

1 Let's Listen 2 世界の友達の小学校生活について聞く

音声を聞かせる前に教科書 p.66を見て、登場人物の Martin が何をしているのか、どんなことを話すのかを予想させる。音声から絵に対する感想を聞き取り書き写す。その後、ALT が自分の子供の頃の遠足について話し、聞かせる時間を設けるとよい。

2 ぴったりゲームをする

Let's Try 3 に取り組む際に、一人一人が自信をもって発話できるよう、ゲームを通して尋ねたり答えたりする表現に言い慣れるようにする。3枚のカードの中から思い出に残った行事を選び、"My best memory is" に続けて言い、ペアで同じになったら、ハイタッチをする。

Unit7／My Best Memory
156

2　ぴったりゲーム

活動のポイント：ゲームを通して尋ねたり答えたりする表現をくり返して言い慣れ、次の活動につなげる。

〈ちがう言葉がでたら最初に戻る〉

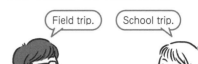

〈同じ言葉が出たらハイタッチ〉

3　Let's Try 3　一番思い出に残った行事を尋ね合う

　教科書 p.67 またはアルバムシートを使用して、自分の一番思い出に残った行事や楽しんだことを記入し、友達と尋ね合う。活動の前にコミュニケーションで大切にしたいことについて、全体で確認しておくことで、一人一人が意識して活動に取り組むことができるだろう。

4　Let's Read and Write 4　「楽しかったこと」を書く

　モデル文の音声を聞かせた上で、モデル文を見ながら声に出して読ませる。その後 PD を参考にしながら、自分が伝えたい「楽しかったこと」を教科書 p.89 に書くよう伝える。思い出のアルバムづくりにつながるよう、気持ちを込めて丁寧に書けるように助言する。

第5時 小学校生活の思い出を書こう

本時の目標

小学校生活の思い出を知ってもらうために、思い出の行事について、例文を参考に自分の考えや気持ちなどを含めて書くことができる。

準備する物

- ・行事の絵カード（掲示用）
- ・デジタル教材
- ・Picture Dictionary
- ・アルバムシート　巻末
- ・振り返りカード

本時の言語活動のポイント

「書くこと」「読むこと」の言語活動についても、子供たちが主体的に取り組むためには教材の工夫が欠かせない。小中連携の視点から、本校の卒業生が小学校の思い出を英語で話すビデオレターや、書いた英文の活用が考えられる。卒業を控え、中学校への期待や不安を抱き始めた子供たちにとって、自分たちよりも流暢に話したり、長い英文を書いたりする中学生は、「あんな風に話したい」「書けるようになりたい」という憧れとなる。自分の考えや気持ちを文字にのせて丁寧に書こうとする子供を育てたい。

【「書くこと」の記録に残す評価】[第6時と合わせて行う]

◎小学校生活の思い出を知ってもらうために思い出の行事やその理由について、My best memory is 〜. We went/saw 〜. などの表現を用いて、自分の考えや気持ちなどを含めて書いている。
〈行動観察、ワークシート〉　・第6時と合わせて3観点から見取り、記録に残す。

本時の展開 ▷▷▷

1 Let's Sing、Let's Chant をする

単元を通して授業の導入場面では、歌やチャンツが設定されていることが多い。授業が始まる楽しい雰囲気を作り、表現に言い慣れる場として適しているが、チャンツでは自分たちの思い出に合うように言葉を入れ替えるなどの工夫が望まれる。

2 Enjoy Communication Step 3 モデル映像を視聴する

モデル映像を視聴し、思い出を紹介し合うイメージをもつ。可能であれば、代わりに昨年度の6年生が紹介している映像や、卒業した中学生が小学校の思い出を紹介している映像を準備する。子供たちにとってより身近なモデルとなり、単元終末の活動への意欲が高まるだろう。

2 モデル映像を視聴する（教材の工夫）

活動のポイント：卒業した中学生からのビデオレターや中学生が書いたアルバムを
活用し、意欲を高める。

ALT　：～ *sensei*, everyone, I have a letter.
HRT　：A letter? From who?
ALT　：This is from ○○ junior high school students.
　　　　Do you want to read?
HRT　：Yes, of course. 誰からの手紙だろうね。
　　　　（ALT が手紙を拡大した物を見せる）
C1　："best memory" って書いてあるよ。
C2　：私たちと同じ思い出を書いているんだね。
C3　："sports day" が思い出だって。誰だろう。
ALT　：I have a video letter from him.
　　　　I'll show you it.

Do you know him?

僕と同じ
野球部だったよ。

あっ、○○くんだ。

3 Enjoy Communication Step 1
４文を声に出して読む

My best memory is our school trip.
We went to Kyoto in June.

　音声を聞いた後、教科書 p.68の４文を声に出
して読む。これまでに十分慣れ親しんだ表現だ
が、読むことが難しいと感じる子供もいるであろ
う。全体を見取り、一緒に指でなぞるなど、個
別に支援することが大切である。「ことば探検」
で学習した英語らしいリズムを想起させてもよい。

4 Enjoy Communication Step 2
アルバムシートを書く

小学校生活の思い出を相手によりよく伝え
るためには、どんなことを書くといいかな。

　これまで Let's Read and Write で教科書 p.89
に書きためてきた文を参考にして、アルバム
シートを書く。「小学校生活の思い出を知って
もらうために」という目標を確認し、相手に伝
えるためにはどうすればよいか考えて書くよう
に助言する。

思い出のアルバムを作ろう

本時の目標

　小学校生活の思い出を知ってもらうために、思い出の行事について話したり、例文を参考に自分の考えや気持ちなどを含めて書いたりすることができる。

準備する物

・行事の絵カード（掲示用）
・デジタル教材
・Picture Dictionary
・アルバムシート　巻末
・振り返りカード

本時の言語活動のポイント

　伝えたいことを書くためには、絵カードやPDに出ている以外の英語を書きたいという子供もいると予想される。子供たちが選びそうな表現をあらかじめ Word List として準備しておくとよいだろう。ALT に尋ねたり辞書を活用したりすることもできる。また、文字を書き写すことが苦手な子供への配慮として、文字を拡大した Word List や表現を短冊に書いた手本の準備も考えられる。他教科同様、単元計画の際には、支援が必要な子供たちへも配慮し、一人一人が安心して活動に取り組めるようにしたい。

【「話すこと［発表］」「書くこと」の指導に生かす評価】

◎小学校生活の思い出を知ってもらうために思い出の行事やその理由について、自分の考えや気持ちなどを含めて話したり書いたりしている。〈行動観察、ワークシート〉
・第5・7時と合わせて3観点から見取り、記録に残す。

本時の展開 ▷▷▷

1　Small Talk 週末にしたことについて話す

　第2時でも週末のできごとについて話しているが、過去形を扱うため、色々な友達とくり返し行うことで自然な形で既習表現を活用することができる。本単元に限らず、昨日の夕食について話したり、冬休み明けには冬休みのできごとをテーマにしたりするとよい。

2　ALT のアルバムシートを見る

　子供はこれまでに世界の子供たちや学級担任、校内の先生の思い出などを聞いてきた。ここでは、ALT が作成したアルバムシートの紹介を見る。ALT も自分たちとの時間を同じように大切に思ってくれていると知ることで、本時のアルバム完成に向けてさらに意欲付けを図りたい。

アルバムシートと合わせて、4線を板書し、書くときのルールを意識する。

Unit 7　My Best Memory　小学校生活の思い出を伝え合おう

めあて 思い出のアルバムを作ろう

My Album

My best memory is
the music festival.
I enjoyed singing with friends.
It was wonderful.

My best memory is 〜.

We went to ☐.

We saw ☐.

I enjoyed ☐.

書くときのルールに気を付けてアルバムシートを書きましょう。

---

3 思い出のアルバムを完成させる

陸上大会でメダルを取ったことを書きたいな。なんと書けばいいかな。

　前時と同様にアルバムシートを書く。伝えたい追加の文を書いたり行事のイラストを描いたりして、自分のアルバムシートを完成させる。新しい表現を書く際には間違いがないように確認し、書くときのルールを常に意識させながら、完成できるようにする。

4 ペアで紹介する

My best memory is the swimming meet.

Oh, the swimming meet!

　次時の紹介に向けて、まずはペアで紹介し合う。お互いに紹介し合った後で、より相手に伝わりやすくするためにはどうすればよいか、アドバイスし合う時間を設けてもよい。文の順番を入れ替えたり、聞いている人へ質問をしたり、子供たち自身で工夫させたい。

思い出のアルバムを紹介しよう

本時の目標

　小学校生活の思い出を知ってもらうために、思い出の行事やその理由について、伝えようとする内容を整理した上で、自分の気持ちや考えを含めて話すことができる。

準備する物

・行事の絵カード（掲示用）
・デジタル教材
・Picture Dictionary　　・振り返りカード
・思い出のアルバム

本時の言語活動のポイント

　前時にペアで紹介した経験を生かし、相手に分かりづらかった表現を確認したり、より伝わりやすい発表にするために、内容を工夫したりする時間を設けて、聞き手に配慮した発表ができるようにする。またグループでの紹介の中で、英語で言いたいが、言い方が分からない表現が出てきた場合には、全体でその表現を共有して別の言葉に言い換えられないか考えてみるとよい。次の紹介の機会には、新しい表現を取り入れて、より伝わりやすい発表にすることができる。

【「話すこと［発表］」の記録に残す評価】[第6時と合わせて行う]
◎小学校生活の思い出を知ってもらうために、思い出の行事やその理由について、伝えようとする内容を整理した上で、自分の気持ちや考えを含めて話している。〈行動観察〉
・思い出のアルバムを紹介する様子を見取り、記録に残す（思・判・表）（態）。

本時の展開 ▷▷▷

1 話すときや聞くときに工夫したいことを発表する

　教科書 p.69に「話すときに工夫したこと」や「聞くときに工夫したこと」を書く欄がある。相手に伝わりやすくするためには、どんなことに気を付けるとよいかを発表の前に確認するとよい。子供たち自身がそれを意識して紹介することができる。

2 グループで紹介し合う

　前時の最後にペアで紹介し、アドバイスし合ったことを生かして、グループで紹介する。教師は全体の様子を見取り、中間指導では、よい話し方、聞き方のグループを全体で紹介し、後半の活動での学習改善につながるようにする。

発表の前に「話し手」「聞き手」として工夫できることを板書で視覚する。

Unit 7 My Best Memory 小学校生活の思い出を伝え合おう

めあて 思い出のアルバムを紹介しよう

○小学校生活の思い出をよく知ってもらうためには
　どんな工夫ができるだろう

〈話すとき〉
・はっきりわかりやすい声
・相手の顔を見て
・表情
・ジェスチャー
・気持ちを込めて
・写真を見せながら
・伝わっているか確認しながら
・内容を入れかえる
・内容を加える
・質問をしながら

〈聞くとき〉
・うなずきながら
・相づち
・くり返し
・質問する

Oh, I see.

Nice.

How was it?

How about you?

---

3 全体で発表し、感想を交流する

My best memory is
our school trip.
We went to Nara.

　ペアやグループで紹介した後、全体の前で数名が紹介する時間を設ける。反応をしながら聞いたり、質問をしたりして全員が参加できるようにする。活動の前に確認した工夫ができているかという視点で感想を述べさせると、今後のコミュニケーション活動に生かすことができる。

4 本時の振り返りをする

　振り返りカードは、めあてに沿った自己評価をし、気付きや感想を自由に書く形式が多い。１単元で１枚に収まる形式にすることで子供自身が単元を通した振り返りをすることが可能になる。それぞれの感想は全体で共有したり、次時への指導改善に生かしたりする。

第**8**時　思い出のアルバムを読み合おう

本時の目標

　相手のことをよく知るために、小学校生活の思い出について書かれた友達の考えや気持ちなどを推測しながら読んで意味が分かる。

準備する物

・行事の絵カード（掲示用）
・デジタル教材
・Picture Dictionary
・ワークシート　　・振り返りカード
・HRT の思い出のアルバム

本時の言語活動のポイント

　Over the Horizon のページには世界の国々の生活や文化、国際理解につながる情報が掲載されている。それらの情報を知識として教えるのではなく、子供たちの知りたいという気持ちを大切にして、活用していきたい。小学校生活の思い出を紹介する本単元では、世界の学校生活について扱っている。教師が子供たちとやり取りをしながら進め、ALT に質問する時間を設けてもよいだろう。他の国の学校生活について自主的に調べてきた場合には、全体に紹介し、主体的に学ぼうとする姿勢を賞賛したい。

【「読むこと」の記録に残す評価】

◎相手のことをよく知るために、小学校生活の思い出について書かれた友達の考えや気持ちなどを推測しながら読んで意味が分かっている。〈行動観察〉
・思い出のアルバムを読み合う様子を、3 観点から見取り、記録に残す。

本時の展開 ▷▷▷

1 Small Talk　ALT の小学校時代の思い出を聞く

　本時の Small Talk では教師同士が小学生の頃について話しながら子供たちとやり取りをする。ALT がいる場合は、小学生の頃の思い出について話してもらうと、次の活動に自然とつなげることができる。ALT が不在の場合は、学級担任の小学生の頃の思い出を話してもよい。

2 Over the Horizon：Do you know? をする

　Small Talk で ALT の母国の小学校生活に興味をもった子供たちに、「他の国の子供たちはどんな小学校生活を送っているんだろう」と声をかけ、Over the Horizon のページを活用する。子供たちは日本との違いに驚いたり、もっと知りたいことを見付けたりするだろう。

2 / 4　Over the Horizon　世界の学校生活について考えよう

活動のポイント：子供たちの興味を高めるために、活用の仕方を工夫する。

〈Do you know?〉　　　　　　　　　　　〈世界のすてき〉

3　思い出のアルバムを読み合う

　アルバムシートを友達と交換して、読み合う。単元を通して十分に慣れ親しんだ表現で書いており、前時で紹介を聞いているため、子供たちは無理なく読むことができるだろう。思い出の写真やイラストと合わせて友達の思いを感じながら、大切に読み合える時間にしたい。

4　Over the Horizon：世界のすてきをする

　「世界のすてき」では、毎単元、様々な国の様子が映像で紹介されている。Small Talk で話題にしたり、授業のはじめに Warm up としてクイズを出題したり、単元計画に応じて実施時間や方法を工夫し、柔軟に活用することが望ましい。

第7時 思い出のアルバムを紹介しよう

活動の概要

本時に至るまでに、子供たちは世界の子供たちの思い出や校内の身近な先生の思い出を聞き、「自分はこんなことを伝えよう」「友達の思い出も聞いてみたい」という思いを高めてきている。また、ALT や HRT のモデルから紹介の仕方も確認している。本時ではペアやグループ、全体の前でなど、形態を工夫しながら、多くの友達と思い出について話す時間を取りたい。互いに質問したり感想を述べたりしながら、双方向のコミュニケーションとなるよう助言する。

活動をスムーズに進めるための 3 つの手立て

① 目的意識・相手意識	② 教師の見取りと支援	③ 中間評価
単元のはじめに設定した、何のために、誰に伝えるのかを確認する。	ペアやグループでの活動の様子を見取り、個に応じた支援をする。	よい発表の仕方をしている子供を全体で紹介し、学習改善につなげる。

お世話になった ALT の先生に小学校の思い出を伝えたいな。

You enjoyed dancing. Nice.

活動前のやり取りの例

ALT の思い出のアルバムを紹介する。
HRT：○○ *sensei*, what is your best memory?
ALT ：（音楽会の写真を貼ったアルバムシートを見せながら）
My best memory is the music festival. I enjoyed singing and dancing with you.
It was wonderful. Thank you.
HRT：○○ *sensei*, thank you. It's wonderful memory.
How was your music festival?
C 1 ：It was exciting.
C 2 ：I like dancing. I enjoyed dancing with ○○ *sensei*.

活動前のやり取りのポイント

前時で行う活動であるが、発表のモデルになるため本時で扱ってもよい。ALT の紹介を聞いた後、話すときや聞くときに工夫したいことを発表させる。相手に伝わりやすくするためにどんなことに気を付けるとよいかを確認することで、子供たち自身がそれを意識して紹介することができる。

活動のポイント

　　子供たちはいろいろな友達と紹介し合うことで、同じ行事を選んでいても、そこで楽しんだことや心に残ったことはそれぞれ違うことに気付くだろう。思いを込めて作ったアルバムを紹介しながら、自分の思い出と同じように友達の思い出も大切であること、一緒に思い出を作ってきた仲間がいることを感じられるよう、温かい雰囲気の中で本単元まとめの活動を行いたい。

活動中・活動後のやり取り例

グループでの発表の後、全体の前で数名が発表する。

T　：What's your best memory?

C1：My best memory is our school trip. We went to Kyoto. We went to *Eigamura*.
　　　I enjoyed shopping. It was fun.

C2：I like the haunted house. How about you?

C1：Me, too. I went to the haunted house with my friends. It was exciting.

C3：I enjoyed shopping, too.

C1：Thank you for listening.

T　：Thank you. You have wonderful memories.

活動中・活動後のやり取りのポイント

子供たち一人一人が自信をもって自分のことを伝え、「みんなに伝えてよかった」「聞いてもらってうれしかった」と伝え合う喜びを実感するためには、活動中や活動後に教師が子供たちとどのように関わるかが大切である。決まった表現をくり返すだけでなく、相手に伝えるために工夫したり、反応しながら聞いたりする姿を、活動中に見取り、全体の前で賞賛したい。

単元の目標

・これまでお世話になった人に感謝の気持ちを伝えるために、これからの中学校生活や得意なこと、将来就きたい職業、なりたい自分などについて、内容を整理した上で学校の先生や保護者、後輩などへのスピーチを聞いてその概要を理解したり、書いたり、スピーチしたりできる。

第 1 ・ 2 時	第 3 ・ 4 時
（第 1 小単元）導入	（第 2 小単元）展開①
中学校生活についての話を聞いておおよその内容を理解するとともに、楽しみたい中学校生活について話すことができる。	将来の夢などについて、自分の考えや気持ちなどを話すことができる。
1　中学校生活についての話を聞いて理解しよう 本単元では、"Challenge Myself" のイラスト集を作成し、最終活動のスピーチに生かす。まずは、中学校生活についてのおおよその内容を理解するとともに、本単元の学習の見通しをもつ。 **2　中学校で入りたい部活動について伝え合おう** 中学校にはどんな部活動があるのか、どんな部活動に入りたいのか教師とやり取りしながら、十分に聞いたり、言ったりし慣れ親しませ、どんな部活動に入りたいか伝えることができるようにする。	**3　将来就きたい職業について伝え合おう** 職業の言い方は 5 年生 Unit 3（What do you want to study?）で既習であるが、本時では、英語を使う職業にどんなものがあるのか、自分のなりたい職業についてなどを考える。 **4　将来なりたい自分を伝え合おう** What do you want to be? I want be a/an 〜. という表現や、 5 年生 Unit 8（Who is your hero?）で学習した、性格などを表す表現なども使い、なりたい自分について、伝えることができるようにする。

本単元について

【単元の概要】

　本単元は、小学校での最後の単元になる。中学校生活で楽しみたいことや、なりたい自分について "Challenge Myself" の冊子を作る過程で、教師がモデルとしてスピーチをして見せる。小学 6 年生としての内容でモデルを示すことで、自分ならこんなことをやってみたい、こんな人になりたいという具体的な目標に向かって、中学校生活が送れるようになるだろう。また、学習意欲にもつなげたい。積み重ねてきた学習の成果を「卒業を祝う会」などで発表する機会をもち、お世話になった先生や、保護者の方などに感謝の気持ちを込めてスピーチできるようにしたい。

【本単元で扱う主な語彙・表現】

《語彙》

学校行事（sports day など）、部活動（soccer team など）

《表現》

I want to join 〜. I want to enjoy 〜. I'm good at〜. I want to be 〜.

《本単元で使う既習の語彙・表現》

教科（music など）、動作（dance など）、職業（singer など）、性格（kind など）、得意なことなど

[知識・技能]：I want to join 〜. I want to enjoy 〜. I'm good at 〜. I want to be 〜.及びその関連語句などについて理解しているとともに、これらの表現を用いて、自分の考えや気持ちなど、まとまった話を聞いてその概要を捉えたり話したりしている。

[思考・判断・表現]：お世話になった人に感謝の気持ちを伝えるために、これからの中学校生活や得意なこと、将来就きたい職業、なりたい自分などについて、まとまった話を聞いてその概要を捉えたり、内容を整理した上で話したりしている。

[主体的に学習に取り組む態度]：お世話になった人に感謝の気持ちを伝えるために、これからの中学校生活や得意なこと、将来就きたい職業、なりたい自分などについて、まとまった話を聞いてその概要を捉えたり、内容を整理した上で話したりしようとしている。

第5・6時	第7・8時
（第3小単元）展開②	（第4小単元）まとめ
中学校生活や将来の夢などについて、伝えようとする内容を整理した上で、自分の考えや気持ちなどを話すことができる。	お世話になった人に感謝の気持ちを伝えるために、今までに書き写してきた例文や教科書を参考に書いたり、スピーチしたりできる。
5　スピーチの準備をしよう 　自分の課題を見付け、伝えようとする内容を整理した上で、自分の考えや気持ちなどを話したりできるようにする。 6　グループでスピーチしよう 　グループ内でスピーチを行い、友達同士で感想やアドバイスを伝え合う。また、スピーチの後に質問を受けたり、答えたりすることで、スピーチの内容に自分についての情報をさらに加えたり、どうしてその職業に就きたいかを書き加えたりし、スピーチに向けて考えや気持ちを整理し、話したいことを再構築する。	7　スピーチして、書いてみよう 　グループでスピーチを行う。動画撮影に向けてスピーチがよりよくなるように、子供たち同士で、感想やアドバイスを伝え合う。また、「お世話になった人に手紙にしてスピーチ内容を渡そう」という目的で例文などを参考に書く。 8　スピーチを動画に撮ろう 　"Challenge Myself" のイラスト集を用いてのスピーチを撮影する。 　小学校外国語科での最後のスピーチになるため、今までの学習の成果を、たくさんの人たちに伝えさせたい。また、動画に撮ることで、何度もくり返しチャレンジさせることができる。

【主体的・対話的で深い学びの視点】

　今までに学習してきた I want to be a 〜. I'm good at 〜. I study 〜. I can 〜. などの表現を使い、自分のことや自分の考え、気持ちを伝えることができるようにしたい。そのために教師や友達と Do you like 〜? Can you 〜? Do you want 〜? などを使ってやり取りを行う。自分自身のできること、好きなもの、なぜその職業に就きたいのかなどを考え、スピーチの内容に幅と深まりをもたせることができる。

【評価のポイント】

　中学校で楽しみたい行事や入りたい部活動、将来就きたい職業・なりたい自分をスピーチできるように、外国語におけるコミュニケーションによる見方・考え方を働かせ、自分の言いたいことを整理し再構築していく姿を行動観察でメモに残しつつ、スピーチ場面で自分の考えや気持ちなどを聞き手に伝わるように工夫して話しているかを見取り記録に残す。なお、「読むこと」「話すこと［やり取り］」「書くこと」については、目標に向けて指導は行うが記録に残す評価は行わない。

中学校生活についての話を聞いて理解しよう

本時の目標

中学校生活についてまとまった話を聞いて、おおよその内容を理解することができる。

準備する物

・デジタル教材
・学校行事の絵カード（掲示用）
・振り返りカード
・教師作成の "Challenge Myself"

本時の言語活動のポイント

教師や JTE が、まずどんな学校行事が好きか、どんな学校行事を楽しみたいか、見本となるスピーチを見せることが大切である。その際子供に尋ねたり、発話を促したりしながら、本時で扱う語句や表現を使って何度もやり取りをすることで、どのような内容かを理解させるようにする。中学校で楽しみたい学校行事などがうまく言えない子供がいることは十分想定されるので、その都度、語句や表現を全体で確認するようにする。

【「聞くこと」の指導に生かす評価】

◎本時では、記録に残す評価は行わないが、目標に向けて指導を行う。子供の学習状況を記録に残さない活動や時間においても、教師が子供の学習状況を確認する。
・中学校での生活の話を聞き、中学校ではどんな行事があるのか聞き取る活動などを中心に見取る。

本時の展開 ▷▷▷

1 教師の "Challenge Myself" を見て単元のゴールを知る

教師が "Challenge myself" のイラスト集を見せながら、子供たちが自分もやってみたいと思うようにスピーチをする。また、単元の最後にはスピーチを行うことを伝え、そのために、何を学習していけばよいのかを考えて、見通しをもって活動できるようにする。

2 Word Link 学校行事の言い方を思い出す

小学校の行事や、中学校体験で知ったこれから楽しみにしている行事について、教師とのやり取りを通して思い出すとともに、どんな行事を楽しみたいか尋ねたり、答えたりする表現に出会わせる。その後 Let's Sing "My Future Dream" を歌う。

3 Starting Out ① 中学校生活の話を聞く

活動のポイント：イラストや写真から話す内容を予想してから聞く。

まずは映像を見せ、人物などについて話したり予想したりしてから視聴する。

3 Staring Out ①
中学校生活の話を聞く

映像を視聴して、分かったことや気付いたことをワークシートに書き込む活動である。この活動に取り組む前に、紙面のイラストや写真を見ながら、どんなことについて話しているのか予想させることで、聞く目的が明確になり活動への意欲を高めることができる。

4 Let's Read and Write 2
学校行事を書く

ペアになり、中学校で楽しみたい学校行事を伝え合う。何度もペアを替え、たくさんの友達と伝え合い、音声で十分に慣れ親しんだ後に、PDなどを活用し、自分の楽しみたい学校行事を、丁寧に書き写させる。

中学校で入りたい部活動について伝え合おう

本時の目標

中学校の紹介のやり取りを聞いておおよその内容が理解できるとともに、中学校で入りたい部活動について、伝え合うことができる。

準備する物

・Small Talk に使う写真など
・デジタル教材
・部活動の絵カード（掲示用）
・振り返りカード

本時の言語活動のポイント

子供が中学校で入りたい部活動を伝え合う活動が本時でのメインとなる言語活動である。そこで、授業のはじめに、教師が春休みを題材に、既習表現である I want to enjoy ～. などを使った Small Talk でそれらの表現を思い出させるとともに、Do you want to enjoy ～? What do you want to enjoy? と子供に投げかけ、やり取りを十分にしておく。その後、ペアで春休みにしたいことを題材に Small Talk に取り組ませる。そして、話題を中学校での部活動に移し、What do you want to join? という表現に出会わせていく。

【「聞くこと」の指導に生かす評価】

◎本時では、記録に残す評価は行わないが、目標に向けて指導を行う。子供の学習状況を記録に残さない活動や時間においても、教師が子供の学習状況を確認する。
・中学校で入りたい部活動や得意なことについて、伝え合っている様子を見取る。

本時の展開 ▷▷▷

1 Small Talk
春休みに楽しみたいことを話す

小学校最後の春休みに楽しみたいことについて、教師と ALT とで前時で扱った I want to enjoy ～. を意図的に使用し、話す。その後子供にペアで話させる。

2 Starting Out ②
部活動の言い方を知る

"My Future Dream" の歌を歌った後に、中学生が部活動などを紹介している映像を視聴する。言葉だけでは分からないところも、話し手のジェスチャーや表情から推測できることに気付かせたい。子供の実態に応じて、必要であれば何度も視聴し、ワークシートに取り組む。

2 Starting Out ②

活動のポイント：中学校にはどんな部活動があるのかを聞く。話し手のジェスチャーなどの効果にも気付かせる。

3 Word Link
他の部活動の言い方を知る

　校区の中学校の部活動一覧などを参考に、中学校にはどんな部活動があるのか確認したり、"What club do you want to join?" などと尋ねたりして、やり取りを行う。また、5年生 Unit 8 で学習した I'm good at 〜. の表現も使い、本時の伝え合う活動につなげる。

4 中学校で入りたい部活動を伝え合う

　友達とペアで、中学校で入りたい部活動を伝え合う。"I want to join 〜. I'm good at 〜." などの理由も入れるように、教師は例を示すことが大切である。ペアを替えて行い何度も伝えることで自信をもたせる。その後、前時と同様に音声で慣れ親しんだ表現を書き写す。

将来就きたい職業について
伝え合おう

本時の目標

将来就きたい職業について、尋ねたり答えたりして伝え合うことができる。

準備する物

・デジタル教材
・職業の絵カード（掲示用）
・振り返りカード

本時の言語活動のポイント

将来なりたい職業を伝え合う活動では、小学校最後であることも踏まえて子供同士で本当に聞きたいことを尋ねたり、相手の気持ちを受け止めたりできるようにしたい。さらに、Do you like 〜? Can you 〜? などの既習表現を使って、より豊かなコミュニケーションが行われるようにしたい。活動の途中で「英語でこう言いたい」という子供たちの言葉を受け止め、全体で共有していく。音声で十分に慣れ親しんだ後に例文を参考に、自分の将来就きたい職業をPDから選んで書き写す。

【「話すこと [やり取り]」の指導に生かす評価】

◎本時では、記録に残す評価は行わないが、目標に向けて指導を行う。子供の学習状況を記録に残さない活動や時間においても、教師が子供の学習状況を確認する。
・伝え合う活動の中で自分に対する質問に答えたり、相手に関する質問をしたりする姿を見取る。

本時の展開 ▷▷▷

1 Let's Chant をする

"What do you want to do in junior high school?" のチャンツをする。どんな職業が聞こえたのか、なぜその職業になりたいかなどを、子供たちに問いかけてから始めるとよい。慣れてきたら一緒に言う。

2 Do you know?
英語を使う職業を知る

教科書 p.78〜79の「英語を使う仕事には何があるのかな。」の写真を見てどうして英語を使うのかを考えたり、他にも英語を使う職業を考えさせたりしたい。国際社会に生きる私たちは、これからは英語をコミュニケーションツールとして、使っていくことになると感じさせたい。

3 Find out more!

活動のポイント：質問の言い方に慣れるよう、教師が選んだ職業についての質問をグループで考える。

〈教師の選んだ職業を伝える〉　　　　　　〈グループで質問を考える〉

3 Ward Link
Find out more! を行う

理由も聞きたい！

Can you 〜？
はどうかな。

就きたい職業と、その理由も言えるようにしたい。教師の選んだ職業に対して質問をし、教師はその質問に答える活動である。この活動を通して、質問することに慣れ、聞きたいことが聞ける、そして、自分の伝えたいことを広げていけるようにしたい。

4 将来就きたい職業や
得意なことを伝え合う

よい質問ですね、
good!

隣にいる友達と、就きたい職業や得意なことを尋ね合わせる。その後、教室を自由に歩いて他の友達と同様の活動をさせる。答えてもらった内容に対して質問や反応などができている子供を取り上げ価値付ける。その後、自分が就きたい職業を書き写す活動を行う。

第4時 将来なりたい自分を伝え合おう

本時の目標

将来なりたい自分を伝え合うことができる。

準備する物

- デジタル教材
- 性格の絵カード（掲示用）
- 性格書き込み用白紙絵カード
- 振り返りカード

本時間の言語活動のポイント

子供たちが将来どんな人物になりたいかを伝え合う。前時に将来就きたい職業を伝え合っており、本時ではそのためにどのような状態や様子でありたいかを伝え合う。まず教師が、"I want to be a bus driver. I like driving. I'm good at driving. I want to be kind and active." などと、就きたい職業とともにどのような状態や様子でありたいかを伝え、その後、子供に What do you want to be? と尋ね、子供が答えたら、You want to be a/ an ~. And you want to be kind? Active? などと続け、子供同士でのやり取りにつなげるようにする。

【「話すこと［やり取り］」の指導に生かす評価】

◎本時では、記録に残す評価は行わないが、目標に向けて指導を行う。子供の学習状況を記録に残さない活動や時間においても、教師が子供の学習状況を確認する。

・将来なりたい自分について、質問や感想などを加え伝えている活動などを中心に見取る。

本時の展開 ▷▷▷

1 Small Talk 中学校でチャレンジしたいことを話す

中学校でチャレンジしたいことを、まず、教師がモデルとなって話してみせる。当然教師は小学6年生ではないので、自身の小学6年生のときの写真やイラストを示しながら、小学6年生になりきって話すようにする。その後子供に、相手を替えて取り組ませる。

2 Word Link どんな人物だったかな?

5年生 Unit 8 (Who is your hero?) で扱った状態や様子などを表す語彙を思い出すために、そのときに出てきた有名人物を提示する。例えば、"What is he?" "He is? Kind? Cool?" などと子供とやり取りしながら、絵カードを黒板に掲示する。

3 自分がありたい状態や様子の言い方を知る

活動のポイント：子供からの質問での新出単語は、白い絵カードに描いて掲示し、全体で共有する。

〈新出の単語は掲示して共有する〉

3 自分がありたい状態や様子の言い方を知り、伝え合う

　子供たちがなりたい状態や様子などを "What do you want to be?" と聞きながら、その英語での言い方を全体で考えたり、調べたりする。教師が白紙の絵カードに絵を描くなどして、カードを作りやり取りしながら掲示していく。その後友達と伝え合う活動、書き写す活動を行う。

4 Sounds and Letters（長母音）をする

　5年生から続けている Sounds and Letters の活動を積み重ねることは大切である。アルファベットチャートを使用して確認させたり、5つの母音の始まりの音を聞き取らせ、絵と文字を結ぶ活動などを通して、文字と音の関係を丁寧に指導していきたい。

スピーチの準備をしよう

本時の目標

　学習した語句や表現を振り返り、スピーチで伝えたい内容に合わせてイラスト集を作成する。

準備する物

・学校行事・部活動・職業・性格などの
　絵カード（掲示用・児童用　巻末）
・振り返りカード
・"Challenge Myself"作成のための用紙

本時の言語活動のポイント

　まずは、子供に言語活動に取り組ませ、途中で止め、うまく言えなかったこと、言いたいけれど言い方が分からないことを出させ、その言い方を全体で既習語句や表現で考えたり、練習をしたりする中間指導を行う。その後、再度言語活動に取り組ませる。これをくり返し、子供たちが既習語句や表現を使えるようにすることが大切である。中間指導では、**2**、**4**のように、子供たちに前半の活動で自分は何がうまく言えないのか、どこに困っているのかを意識させ、練習に取り組ませることが大切である。

【「読むこと」の指導に生かす評価】

◎本時では、記録に残す評価は行わないが、目標に向けて指導を行う。
・本単元で学習した、学校行事・部活動などの絵カードを読んで意味が分かっている姿を見取る。子供が自分の学習を振り返る場面を作ることで、自己調整して学習に取り組むようにする。

本時の展開 ▷▷▷

1 Let's Chant をする

　リズムに合わせて言う。慣れてきたら子供を二つのグループに分け、かけ合いになるように言い、次に違うパートを言うなどして慣れ親しませる。英語のストレス、イントネーション、話し言葉などをリズムに合わせて学べるのも、チャンツを行う目的の一つである。

2 課題を見付ける、絵カードを分ける

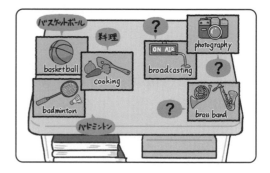

　音声で十分に慣れ親しんできたら、学校行事や部活動、将来就きたい職業や性格などの絵カードを、自分が発音できるものとそうでないものとに分けて机に並べる。自身で何が分かって何が分からないのかを意識して練習に取り組ませるようにする。

前時までに出てきた学校行事などの絵カードを掲示しておく。

Unit 8 中学校でチャレンジしたいことを伝え合おう

これまで習った表現

basketball / baseball / soccer / badminton

cooking / broadcasting / brass band / photography

sports day / music festival / school trip / swimming meet

これまで習った部活動などの表現も使って、やりたいことを具体的に表現しましょう。

★ 1年生、2年生、3年生でそれぞれチャレンジしたいことを考えよう
★ 友達のチャレンジしたいことに質問してみよう

---

3 中学校でチャレンジしたいことを伝え合う

I want to join the soccer team.

Good! Do you like sport?

中学校でチャレンジしたいことについて、ペアで伝え合わせる。その後に将来就きたい職業や性格なども伝え合わせる。その理由を尋ねることでより深く相手の思いが伝わることにも気付かせる。

---

4 もう一度絵カードを分ける

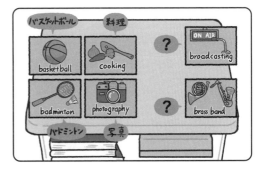

バスケットボール / 料理 / ？ / broadcasting

basketball / cooking

badminton / photography / ？ / brass band

ハドミントン / 写真

3の後に、再度机上に分けた絵カードを発音し、自信をもって発音できるものとそうでないものに分けさせる。子供自身が自分の成長を感じることで、学習意欲を高めたい。この活動の後には、本単元の最終活動であるスピーチで活用するイラスト集の作成を行う。

グループでスピーチをしよう

本時の目標

　グループでスピーチを行い、友達のアドバイスや感想を受け、最後のスピーチに向けて内容を整理し、再構築することができる。

準備する物

・デジタル教材
・学校行事・部活動・職業・性格などの
　絵カード（掲示用）
・作成した"Challenge Myself"のイラスト集
・振り返りカード

本時の言語活動のポイント

　グループで、一人ずつ中学校生活で頑張りたいことや、楽しみにしていること、また将来就きたい職業やなりたい自分についてスピーチを発表する。友達からの感想やアドバイスを聞いて、もっとうまく伝えるためには、何をどうすればよいのかを子供たち自身が考え発表する。発表する内容を整理し、再構築できるようにする。感謝の気持ちを伝えるための最後のスピーチにつなげたい。

【「話すこと［発表］」の指導に生かす評価】
◎本時では、記録に残す評価は行わないが、目標に向けて指導を行う。
・"Challenge Myself"のイラスト集を使いグループでスピーチを行う。お互いに感想やアドバイスを言い、それらを受け入れ自分の伝えたいことを整理し、再構築していく様子を見取る。

本時の展開 ▷▷▷

1 モデルとなるスピーチを見る

　何人かの教師が"Challenge Myself"イラスト集を活用しながら話す様子を見せることで、子供たちのスピーチへの意欲を高める。また、ジェスチャーを使ったり工夫していてよかったところを全体で共有する。

2 グループ内で、スピーチする

　中学校でチャレンジしたいことなどについて4人1組などのグループ内で、事前に作成した"Challenge Myself"のイラスト集を用いて、一人ずつスピーチをする。教師はグループを回りアドバイスをする。

2 グループ内で、スピーチする

活動のポイント：教師が机間指導を通してお互いに質問できるように支援する。

3 グループ内でアドバイスする

スピーチ終了後、よかったところや工夫できるところ、改善できそうなところなど、感想やアドバイスを伝え合う。その後アドバイスを取り入れて、自分の考えや気持ちをより分かってもらうために、スピーチ内容を改善する。そのための練習時間を十分にとる。

4 振り返りをする

本時のめあてを達成できたかどうか、振り返る。最終活動のスピーチに向けて子供たち自身がどのようにしたらいいのかを考え、「次の時間にはこういうことに気を付けて伝えることができるようになりたい」などのように、学習を振り返らせるとともに、学習意欲につなげたい。

第7時　スピーチして、書いてみよう

本時の目標

中学校で楽しみたい学校行事や入りたい部活動、将来就きたい職業、なりたい自分などについてスピーチすることができる。また音声で十分に慣れ親しんだスピーチ内容を例文を参考に書くことができる。

準備する物

・デジタル教材
・作成した "Challenge Myself" のイラスト集
・振り返りカード

本時の言語活動のポイント

本時では、友達からの感想やアドバイスを基に再構築したスピーチを行う。前時までに十分に音声で慣れ親しんだ表現を用いて、中学校生活で頑張りたいことや、楽しみにしていること、また将来就きたい職業や、なりたい自分について、効果的に伝えられるようにしたい。その後スピーチ内容を今まで書き写してきた例文や教科書を参考に目的をもって書かせる。

【「聞くこと」の記録に残す評価】

◎感謝の気持ちを伝えるために話されるまとまりのあるスピーチを聞いて概要を捉えている。〈行動観察〉
・子供の様子を3観点から見取り、評価を記録する。

本時の展開 ▷▷▷

1 Let's Chant をする

音声に合わせて言う。本単元で何度も言っていることから、「I want to be ～.の続きを、自分のスピーチで言うことに替えて言ってみよう」などと伝えると、バリエーションを付けて行うこともできる。

2 グループ内でスピーチする

前時にスピーチを行った際、友達のアドバイスを受けて再構築した内容のスピーチを、新しいグループで行う。聞く側はスピーチの概要をワークシートに記入した上で、アドバイスをし合ったりする。

3 スピーチ内容を書く

（活動のポイント）：文の最初の文字が大文字になることや、語と語の間のスペース、丁寧に書くことを再度確認する。

スピーチを書くときに、どんなことに気を付けたらよいか、振り返りましょう。

I want to challenge myself.
・最初は 大文字
・文字と文字の間は 空ける

---

3 スピーチの内容を書く

U8 スピーチを書こう
I want to be

　前時までに何度も伝え合い、音声で十分に慣れ親しんだスピーチの内容を、今までに書き写してきた例文や、教科書などを参考に、4線上に書く。それは、「スピーチを見られないお世話になった人に渡そう」という目的で、丁寧に書かせる。

---

4 Sounds and Letters をする
（教科書 p.95）

Aa Bb Cc Dd Ee Ff

Now you know the name and sounds of the alphabet.

　最後の Sounds and Letters を行う。この活動を通して、アルファベットの文字の読み方とその音が分かるようになったことを伝える。子供たちに中学校では、さらに読んだり、書いたりできることを伝え、今後の学習に期待をもたせたい。振り返りカードの記入も行う。

スピーチを動画に撮ろう

本時の目標

これまでお世話になった人に感謝の気持ちを伝えるために、スピーチを動画に撮る。

準備する物

・学校行事・部活動・職業・性格などの
　絵カード（掲示用）
・作成した"Challenge Myself"のイラスト集
・振り返りカード

本時の言語活動のポイント

本単元では、最終活動として、"Challenge Myself"のイラスト集を活用し、小学校でこれまで学んできた英語表現を用いて、スピーチを行う。中学校生活に向けた自分の具体的な挑戦や期待を、これまでお世話になった人に感謝の気持ちを込めて、伝わるように発表する。人の心と心をつなぐためにも言葉にして表現することの大切さを体験させたい。ここで得た自信が、中学校での学習につながることを期待する。

【「話すこと［発表］」の記録に残す評価】

◎感謝の気持ちを伝えるために、中学校生活や将来就きたい職業・自分などについてスピーチをしている。
・イラスト集を用いて、相手に伝わるように、表情豊かにスピーチしている姿を3観点から見取る。〈行動観察・振り返りカード〉

本時の展開 ▷▷▷

1 Let's Chant とする

リズムに合わせて言う。小学校生活最後の外国語科の授業であるので、子供たちに今までに歌ってきた歌やチャンツのリクエストを聞き、デジタル教材を活用して行うとよい。

2 スピーチ練習をペアで行う

これまでの学習を想起し、ペアでスピーチの練習をする。スピーチの練習前には、文全体にまとまりがあるか、相手に伝わるように工夫ができているかなどに着目させる。中間指導では、よかった点などを共有し、子供の可能性を最大限引き出したい。

3 スピーチを動画に撮ろう！

活動のポイント：くり返し撮ることができるので、緊張で失敗してしまう子も何度か取り組んだり、緊張をゆるめたりできる。

---

3 スピーチを動画に撮る

　子供が黒板に学校の絵や、思い出に残っている学校行事、お世話になった先生の似顔絵などを描き、それを背景にして、順番にスピーチを動画に撮る。スピーチの最後に、"I want to challenge myself! Thank you." という言葉を入れて締めくくるように助言してもよい。

4 振り返りをする

　動画撮影は、学級の子供半分ずつで行い、教室に残っている半分には、4年間の外国語活動・外国語科の振り返りをさせる。今後どのように英語と関わっていきたいかなども考えさせる。最後は全員で本時の振り返りを行う。教師は子供のこれまでの学習とスピーチを賞賛したい。

第3時 Find out more!

活動の概要

第3時において、英語を使う職業などについて知り、話し合った後この活動を行う。これは、本単元の目標である、自分の伝えたいことを整理してスピーチするための活動である。この活動を通して子供たちには友達に質問させたい。教師が自分の就きたい職業を伝え、それに対して質問、または反応ができるようにする。グループで「どんなことが質問できるか、どんな反応をするべきか」を考えることで子供一人では反応できない場合も、質問につなげられる。

活動をスムーズに進めるための3つの手立て

① 既習内容の掲示
今までに学習した、質問の表現を絵と共に黒板に掲示したり、絵カードを入れ替えたりして発話を促す。

② 質問を考える
教師は "I want to be 〜." と言い子供たちはそれに対しての、質問や反応をグループで考える。

③ 時間を決める
子供たちの様子によって、考える時間を決め、タイマーなどをセットする。

活動の前のやり取りの例

Find out more! の活動に入る前に、今までに学習した質問の表現を文字と絵で確認する。

T　： Can you make any questions from these sentences and pictures?
C 1 ： Do you like cats?
T　： That's a good question. My answer is "yes".
　　　Can you think of anymore?
C 2 ： Can you cook?
T　： No, I can't.

活動前のやり取りのポイント

Can you 〜?, Do you 〜? という、音声で十分に慣れ親しんできた質問文を一緒に読んだ上で、次のやり取りにつながるように、教師に尋ねさせたり、声に出して言わせたりする。教師が「今ならどんな質問にも答えます」などと言うと、子供たちは今まで学習した尋ねる英語での言い方を思い出したり、整理したりしながら本当に聞きたいことを尋ねることが期待される。

　"What do you want to be?" と子供全員で質問し、教師が "I want to be ～." と答え、さらにその答えに対し子供たちが質問したり、反応したりする活動である。子供たちにとって英語で質問し、その答えに再度質問をしたり、反応したりすることは容易ではないだろう。しかし子供自身が本当に聞きたいことや、感じたことを表現できる力を付けさせたい。またそれが、英語を使って、自分を表現できる力につながるようにしたい。

活動後のやり取りの例

T　：Now. You all can react to the person who is talking to you. That is great!!
　　　Please make pairs and ask what he/she wants to be?
　　　Also please don't forget to react or give him/her questions!
（その後の活動で）
C 1：What do you want to be?
C 2：I want to be a Youtuber.
C 1：Youtuber? What video do you want to make?
C 1：Cooking. I'm good at cooking.
C 2：Wow! Nice.

活動後のやり取りのポイント

What do you want to be?/I want to be ～. の後に質問をするということに慣れた子供たちは友達と伝え合う中で、相手の就きたい職業を聞く。さらにそれに関連した質問をして、自分の言いたいことや聞きたいことが増えていくようにする。また、最後のスピーチでは、「中学校生活では、こんなことにチャレンジしたい、楽しみたい」と具体的に伝えられるようにしたい。

3 Check Your Steps

（2時間）【中心領域】読むこと、書くこと

単元の目標

・「寄せ書きメッセージ」として友達に一番伝えたいことを表す一文を、音声で十分に慣れ親しんだ語句や表現を書き写したり、例を参考に書いたり読んだりできる。

単元計画

これまでの学習内容

◉ Unit 7 My Best Memory

My best memory is 〜. We went 〜. We saw 〜. I enjoyed 〜. などを用いて、小学校生活の思い出について発表する。

◉ Unit 8 My Future, My Dream

I want to join 〜. I want to enjoy 〜. I'm good at 〜. I want to be 〜. を用いて、中学校生活や将来の夢について発表する。

Unit 7〜8の学習内容（指導してきたこと）を総括的に評価し、指導改善や学習改善に生かすために、Check Your Steps（2時間扱い）を設定

本単元について

【単元の概要】

卒業文集に載せる「寄せ書きメッセージ」を作成する。卒業に寄せて友達に一番伝えたいことを考え、それを一文で書く。まず、Unit 7〜8で学習したことを Small Talk で想起し、メッセージに使えそうな語句や表現を考える。音声で十分慣れ親しんだ語句や表現の例を参考にして、教科書や PD から語句や表現を選び書いたり書き写したりする。一度下書きをして、ペアで表記の正しさや語句と語句の間のスペース、文頭の大文字、文末のピリオドなどを見合う。清書ができたら、それを基に Small Talk をして交流する。

【本活動で想定される言語材料】

《語彙》

学校行事（sports day など）、したこと（went など）、建物（department store など）、動作（run など）、部活動、教科（science など）、職業（singer など）など

《表現》

(Unit 7) My best memory is 〜. We went to 〜. We saw 〜. I enjoyed 〜.

(Unit 8) I want to join 〜. I want to enjoy 〜. I'm good at 〜. I want to be 〜.

単元の評価規準

[知識・技能]：Unit 7〜8で学習した語句や表現について理解しているとともに、それらを用いて友達に一番伝えたいことを表す一文について、読んだり書いたりしている。

[思考・判断・表現]：「寄せ書きメッセージ」として友達に一番伝えたいことを表す一文を、音声で十分に慣れ親しんだ語句や表現を書き写したり、例を参考に書いたり読んだりしている。

[主体的に学習に取り組む態度]：「寄せ書きメッセージ」として友達に一番伝えたいことを表す一文を、音声で十分に慣れ親しんだ語句や表現を書き写したり、例を参考に書いたり読んだりしようとしている。

第1時	第2時
導入・展開	まとめ
「寄せ書きメッセージ」として友達に一番伝えたいことを表す一文を考える。	「寄せ書きメッセージ」をシートに書いて交流する。
HOP：「寄せ書きメッセージ」作成に向けた学習の見通しをもとう 　ALTの「寄せ書きメッセージ」を知り、学習のめあてや見通しをもつ。Unit 7〜8について、Small Talkなどの活動を通して、メッセージの一文に使えそうな語句や表現を思い出す。 **STEP：既習の語句・表現を参考に「寄せ書きメッセージ」を考えよう** 　卒業文集に入れる「寄せ書きメッセージ」として、友達に一番伝えたいことを考える。Unit 7〜8での作成物や教科書などを参考に、どんな語句や表現を使うか考える。4線シートに下書きをし、ペアで見合う。参考にした例文と比べて正しく書けているかどうかや、今まで学習したアルファベットの正しい書き方や文の最後のピリオドなどについてもアドバイスし合い、必要があれば修正する。次時までに下書きを完成しておく。	**JUMP：「寄せ書きメッセージ」をシートに清書し、Small Talkで交流しよう** 　前時に考えて作成した4線シートの下書きを基に、清書用シートに丁寧に書き写す。完成した清書用シートを話題に、ペアやグループでSmall Talkを行い、交流する。全員の「寄せ書きメッセージ」を黒板に貼ったり、ICT機器で提示したりして、それらを基にALTがSmall Talkを行う。何人かの子供とやり取りしながら、最後はクラス全体の6年生としての一年間の学びを振り返り、評価する。振り返りカードで単元のめあてが達成できたかを自己評価したら、一年間の自身の成長についてもカードに記入する。最後に、教師が一年間の学びを総括し、今後の子供の成長に期待を寄せて学習を終える。

【主体的・対話的で深い学びの視点】

　卒業文集に入れる「寄せ書きメッセージ」として友達に一番伝えたいことを考えて書くことを知らせ、目的意識をもって自分の思いを込めて文を考え、書かせたい。Unit 7〜8の音声で十分慣れ親しんだ語句や表現を参考にして、自分が伝えたい内容に合うように語句や表現を選んだり、書き写したりする。どんな語句や表現を使えばよいか、教科書やPDだけでなく今までの作成物なども参考に考えさせる。ペアでアドバイスし合い、書く活動に取り組んだ後は、Small Talkで交流する。お互いの一文メッセージに込められた思いを理解し合い、卒業前にふさわしい学びの時間としたい。

【評価のポイント】

　第1時で、既習語句や表現について十分使えているかどうかを観察しておく。第2時では、下書きの修正を生かして清書シートに自分の思いを伝える一文を、例を参考にして書くことや相手の一文を読むことができているかを見取る。文の構成だけでなく、文字の表記や語句間のスペースなどについても、正しく書けているかどうか、清書シートへの表記で見取る。その際、ペアでお互いの下書きについて見合ってアドバイスし合ったことを生かして修正ができているか、活動の様子を観察し評価に生かす。

第1時 「寄せ書きメッセージ」として友達に一番伝えたいことを表す一文を考えよう

本時の目標

「寄せ書きメッセージ」で友達に一番伝えたいことを表す一文を、読んだり例を参考にして書いたり書き写したりできるようにする。

準備する物

・指導者用デジタルブック
・Picture Dictionary
・ALT デモ用紹介シート
・紹介シート台紙
・振り返りカード

本時の言語活動のポイント

ALT の「寄せ書きメッセージ」を見て、メッセージの内容や書き方について知り、活動の目的を意識して学習の見通しをもつ。Unit 7 〜 8 の題材についてペアで Small Talk をして、既習の語句や表現で寄せ書きメッセージに使えそうなものを思い出す。書く内容が決まったら、それを表す英語表現について例文を参考に考える。例文を基にして書く内容を決める方法も考えられる。下書き用の4線シートに、例文を参考にして語句を入れ替えたり書き写したりして、メッセージの一文を書く。

【「読むこと」「書くこと」の記録に残す評価】

◎Unit 7 〜 8 で学習した語句や表現について理解しているとともに、それらを用いて寄せ書きメッセージの一文を読んだり書いたりしている（知・技）。〈行動観察・シート記述分析〉

本時の展開 ▷▷▷

1 単元のめあてを知り、Unit 7 〜 8 で学習した内容を振り返る

ALT の「寄せ書きメッセージ」を見て、メッセージの内容や書き方について知り、単元のめあてを知り学習の見通しをもつ。Unit 7 〜 8 の題材についてペアで Small Talk をして、既習の語句や表現で寄せ書きメッセージに使えそうなものを思い出す。

2 例文を参考に、友達へ伝えたいメッセージの一文を考える

例文の表現などを使って友達に一番伝えたいことを一文にする。Unit 7 〜 8 で学んだ語句や表現を、作成したカードや教科書、ワークシートなどで振り返り、発表で使った文を書き写したり、自分の思いに合うように語句を替えたりして、下書きシートに書く。

1 ALT の「寄せ書きメッセージ」を見る

活動のポイント：4線への書き方や、語句の間のスペース、文頭の大文字や文末のピリオド（またはクエスチョン・マーク）などの書き方のルールを守っていることを合わせて確認する。

3 下書きシートをペアで見合い、アドバイスし合う

　下書きシートをペアで見合う。参考にした例文と比べて正しく書けているかや、今まで学習したアルファベットの正しい書き方、語句の間のスペースや、文頭の大文字、文の最後のピリオドなどについてもアドバイスし合い、必要があれば修正し次時までに下書きを完成しておく。

4 本時の振り返りをし、次時の活動に見通しをもつ

　本時のめあてが達成できたかを振り返る。ペアでアドバイスし合ったことを参考にして、下書きを完成させておき、次時は清書をし、書いた一文について全体で交流する際は、ALT や友達とメッセージの一文について質問したり質問に答えたりすることを伝え、次の学習につなぐ。

「寄せ書きメッセージ」を
シートに書いて交流しよう

本時の目標

「寄せ書きメッセージ」で友達に一番伝えたいことを表す一文を、例を参考にして書いたり書き写したりできるようにする。

準備する物

・録画用タブレットなど
・紹介ボード
・振り返りカード

本時の言語活動のポイント

前時に作成した下書きシートを基に、清書用シートに丁寧に書き写す。今まで学習したアルファベットの文字の正しい書き方や、語句の間のスペース、文頭の大文字、文末のピリオドなどについて意識しながら、正しく書き写す。完成したシートを基に、ペアやグループで Small Talk を行い、内容について交流する。また、全員のシートを黒板に貼り、ALT が数人の子供とやり取りしながら、最後は全体で一年間の学びを振り返る。通常の振り返りだけでなく、一年間の自身の成長についてもカードに記載する。

【「書くこと」の記録に残す評価】

◎「寄せ書きメッセージ」で友達に一番伝えたいことを表す一文を、Unit 7〜8 などで学習した音声で十分に慣れ親しんだ語句や表現の例を参考に、語句や表現を選んで書いたり、書き写したりしている（思・判・表）（態）。〈行動観察・シート記述分析・振り返りカード記述〉

本時の展開 ▷▷▷

1 下書きを基に、清書シートに丁寧に書き写す

前時に書いた下書きを基にして、清書シートに丁寧に書き写す。今まで学習したアルファベットの文字の正しい書き方や、語句と語句の間のスペース、文の先頭の大文字、文の最後のピリオドなどについて意識しながら、正しく書き写すようにする。

2 完成した清書シートを基に Small Talk で交流する

清書シートを見せ合いながら友達へ一番伝えたい一文の内容について、Small Talk で交流する。互いの一文を見せ合って、互いに読む。なぜその一文にしたか、理由を質問したり答えたり、付け加えて説明したりしながら、やり取りする。

3 清書シートについて全員で交流する

活動のポイント ：はじめに ALT から、メッセージのどんな点がよかったか伝え、
観点や反応の仕方を示す。

ALT："I'm good at playing baseball."
　　　 Whose message is this?
C　 ：Yes.
ALT：Kazu, it's nice.
　　　 What do you want to be?
C　 ：I want to be a professional baseball
　　　 player.
　　　 And I want to go to America.
　　　 I want to be a NBL player.
ALT：Wonderful! You can do it!

3 清書シートを全員が黒板に掲示
し、全体で交流する

　全員の清書シートを黒板に掲示し、それを見
ながら ALT が何人かの子供とやり取りをした
り、誰のものか、予想したりする。また、友達
のメッセージについて、自由に質問したり質問
に答えたりしながら、互いの思いを共有できる
ようにする。

4 本単元の振り返りをしたら、
一年間の学びを総括する

　「寄せ書きメッセージで友達に一番伝えたいこ
とが清書シートに書けたかな」と単元を振り返
る。一年間の最後の授業であることを知らせ、
6 年生の学びで自分が成長したこともカードに
記入させる。最後に教師が一年間の学びを総括
し、今後の成長に期待を寄せる言葉を伝える。

巻末付録

各 Unit に関連してできる活動を
紹介しています。Unit 内のどの
時間に組み込むとより効果的か提
案していますが、かならずしも授
業中だけでなく、朝の時間などに
行えるような短時間でできる活動
を集めました。「基本型」に慣れ
たら「発展型」にもチャレンジし
てみてください。

基本型 **Who am I? クイズ**

活動の進め方

　Let's Read and Write を活用した活動である。本単元では、自己紹介がメイン活動となっている。自己紹介に向けて、毎時間一文ずつ書きためた文を、教師が読む。子供たちは、教師が読む文章を聞き、学級の誰が書いた文章かを考える。本活動では、楽しみながら、自己紹介の表現に聞き慣れていくことを目的とする。

活動を効果的に行うためのポイント

①丁寧に書く時間を作る
毎時間 Read and Write で丁寧に書かせることが大切である。そのためには何のために書くのか目的をもたせ、しっかりと時間を確保し、子供が十分に活動に取り組めるようにする。また、友達同士で書いた文を見比べ、確認させるとよい。

②表現に変化を付ける
子供たちは、聞くことがメインとなる。何度も同じようにくり返すと、飽きてしまうため、教師の代わりに子供に読ませるなどの変化も付けるとよいだろう。

③共通する部分を尋ねる
自己紹介の内容について触れることも大切である。紹介した内容に合わせて、子供たちに、「○○さんと同じことが好きな人はいますか」などを問うことで、学級としての仲間意識を高めることにつながる。

発展型 # 校内の先生になりきろう

活動の進め方

　子供たちは 3 名程度のグループになり、事前に校内の先生方に好きなものやこと、誕生日をインタビューする。そして、インタビューした内容をその先生になりきり発表する。異なる先生にインタビューした 4 名で構成されたグループで発表する。聞いている子供は、どの先生の自己紹介なのか考える。子供が直接インタビューをすることが難しい場合は、教師が調べた内容を子供たちに読ませる。

1　先生方にインタビューをする

C 1 ： When is your birthday?
T 　： My birthday is June 24th.
C 2 ： What sport do you like?
T 　： I like volleyball.

2　先生になりきり、伝える

T 　： You are teachers.
　　　 Can you introduce yourselves?
C 1 ： OK, I like volleyball. My birthday is June 24th.
　　　 Who am I?

3　自己紹介を聞き、どの先生か考える

C 2 ： バレーボールが好きで、6 月が誕生日の先生って誰だろう？
C 3 ： もう少し情報が欲しいな。Hint, please!
C 1 ： OK, I like dogs.
C 2 ： I know! Are you Suguru *sensei*?
C 1 ： Yes, I'm Suguru.

4　先生について分かったことをまとめる

T 　： What did you learn?
C 1 ： すぐる先生は、バレーボールと犬が好きだったよ。
C 2 ： たかし先生と誕生日が同じだった。
C 3 ： 先生たちは、犬好きが多いね。

活動を効果的に行うためのポイント

単に自己紹介を代わりに行うのではなく、しっかりとなりきることを伝える。話し手が本気になることで聞き手にもその思いが伝わる。やり取りをしっかりと行うことで、単元で使用する表現が自然とくり返され、身に付いていく。先生方には、事前に活動の趣旨を説明しておき、協力をお願いする。また、本単元では、5 学年で学習した He/She などの表現も活用できるため、取り入れてもよいだろう。

基本型　スリーヒント・クイズ

活動の進め方

　振り返りの前など終盤の活動で行う。互いの宝物について紹介する場面を学習の中で取り入れているが、全ての友達と交流する時間を確保することは、難しいだろう。そこで、スリーヒント・クイズで、互いの宝物を当てる活動を取り入れる。本活動は、ペアで行う。話し手は、自分の宝物について、大きさや色、形など、既習の表現を用いてヒントを3つ伝える。聞き手は、3つのヒントから、宝物を推測し、答える。

活動を効果的に行うためのポイント

①教師と ALT の見本を示す
教師と ALT でモデルを見せた後、ALT の宝物について、子供とやり取りを行う。そして、子供同士の活動を行わせる。そうすることで、子供に活動の流れをやり取りだけで、理解させていく。

②ペアで相談する
スリーヒントを考えることが難しい子供には、ペアでヒントを考えさせ、別のペアと交流するという工夫も行うことができる。

③単元の中盤にも取り入れる
本単元 Enjoy Communication の自己紹介のやり取りの中に、スリーヒント・クイズを取り入れている。事前に体験しておくことで、子供がその活動の際にも、生かすことができる。

発展型 理想の生活を伝えよう

活動の進め方

　子供たちは、Let's Try 2 などで普段することについて伝え合うだけでは、使用表現が限られるため、理想の日常生活について伝え合い、使用表現の幅を広げる。まず理想の日常を考え、4 名程度のグループ内で伝えた後、中間指導で、悩んだことや困ったことの確認を行う。その後、確認した内容を意識しながら、別のグループで伝え合いを行う。

1　自分の理想の日常生活を考える

T 　: Please tell me your ideal life.
C 1 : お母さんの手伝いを毎日したいな。
C 2 : 日曜日は、映画をみたいな。
C 3 : ピアノの練習を木曜日でなく月曜日にしたいな。
C 4 : 釣りが好きだから、釣りに行きたいな。何曜日にしよう。

2　グループ内で伝え合う

C 1 : I usually help my mother…（悩んでいる）.
C 2 : Very nice. You are kind.
C 2 : I usually watch movies on Sundays.
C 5 : 同じだ！ I usually watch movies on Sundays, too.

3　中間指導（疑問や不安の確認）を行う

T 　: Do you have any questions?
C 1 : 毎日お母さんの手伝いをするって、どう言いますか？
T 　: 毎日ってどう言う？　ヒント、「みんな」は？
C 2 : Everyone.
C 1 : そうか、じゃあ every day だ。

4　別のグループで、伝え合う

T 　: Now change your partners. Let's have a pair talk time!
C 1 : I usually help my mother every day.
C 4 : Oh, good! I usually go fishing on Saturdays.
C 3 : Nice. I like fishing, too. I usually play the piano on Mondays.

活動を効果的に行うためのポイント

本活動は、子供が実際にやってみたいことを伝える。そのため、教師が「普段、やってみたいけどできていないことを伝えてみよう」と声をかけることで、部活動や遊び、家の手伝いなど、自分の理想の生活をそれぞれが考えることができる。子供たちが考える理想の生活は、自身で考えたものであるため、思いもしっかりと込められ、本心で伝え合うことができる。

基本型

国旗と有名なものを組み合わせよう

活動の進め方

　第 2 時の終盤に行う活動である。本単元では、行ってみたい国や地域を、その場所の有名なものなどと一緒に伝え合うことが目標となっている。そのため、国や地域と有名なものを覚える必要がある。そこで、本活動をゲーム感覚で行い、国や地域と有名なものを結び付けていく。活動は、グループで行う。グループの人数は 3 〜 5 人程度。グループごとに、国旗や地域と有名なもののカードを用意し、配布する。裏にした状態でめくり、一致したら取っていく。

活動を効果的に行うためのポイント

①全体で表現を確認する
子供同士で活動を行わせる前に、全体で国や地域、有名なものの表現を確認するとよい。学級の実態に合わせ、子供が知っていそうな内容から提示することで、子供の興味を引いていく。

②文字入り絵カードを使用
子供たちに配布する絵カードにも工夫を行う。絵カードに文字も添えておくことで、子供が自然と文字を読もうとすることが期待される。そうすることで、他の単元などでも文字に対する認識が高まっていく。

③カードの内容を読み上げる
カードを取るだけでなく、国や地域名を声に出して読んだり、有名なものを動詞と組み合わせて読んだりすることで、次時以降の活動へとつなげていく。

発展型 地域の有名な場所を紹介しよう

活動の進め方

　本単元で学習した表現を使い、自分たちの地域を紹介する。子供たちは、世界に目を向けて活動してきたが、本活動で、自分たちの住む地域にもおすすめできる場所はないか、有名なものはないかに目を向けさせる。まずは、地域の有名な場所・ものについて調べ、調べた内容から、おすすめしたいことを考え、ポスターを作成する。作成したポスターを使い、グループで発表を行う。

1　地域の有名な場所・物を調べる

T　：What is a famous spot in Miyakojima?
C1：Maehama beach!
C2：前浜ビーチが観光客に人気って聞いたよ。
T　：That's great. Any other place? OK, let's think.

2　調べた内容からおすすめを決める

C1：海がきれいだから、sea, beautiful だ。
C2：The sea is beautiful だよ。
C3：おすすめがたくさんあって悩むな。The beaches are beautiful, too.

3　ポスターを作成する

C1：Beautiful sea! と書くよ。
C2：ぜひ、来てね！って、入れたいね。
C3：ぜひ来てくださいってどう書くのかな？
ALT：Please write. "Please come!"
C　：OK, "Please come!"

4　地域のおすすめを紹介する

You can eat *Miyako soba*.

C1：You can see the beautiful beaches. You can eat *Miyako soba*.
　　 Please come!
ALT：It was great.
　　 But I have a question. What is *Miyako soba*?
C1〜3：そうだね、その説明も加えよう。

活動を効果的に行うためのポイント

「自分たちの地域で外国の人へおすすめできるのは？」を考えることで、学習した内容を実生活へとつなげていく。また、各学校の実態に合わせて、伝える相手を校区外の ALT などにすることで、相手意識をもった活動になり、より本物の活動をすることができる。ポスターに使用する写真を、子供や教師が写っているものにすることで、より地域を紹介することの実感が高まり、子供の主体性も高めることができるだろう。

基本型 マッチング・ゲーム（現在形・過去形）

活動の進め方

　過去について十分に聞いたり話したりできるようになった後に、整理として行うとよい。現在形と過去形の表記について、教師が教えるのではなく、活動を通して子供自身に気付かせていくことがねらいである。まず、現在形の動詞を全体で確認する。その後で、過去形の動詞を見せ、似ているものはないかを見付けさせる。その後、グループごとにカードを配布し、マッチング・ゲームを行う。カードの裏面は現在形と過去形で色分けなどをしておく。

活動を効果的に行うためのポイント

①単語を提示する順序
子供自身が似ている単語に気付くようにするためには、子供に見せる順番を意識することが重要である。比較的気付きやすい、〜ed の動詞を先に見せることで、子供の理解を促していくことができる。

②イラストによる支援
マッチング・ゲームをする際に、単語だけでなく、イラストも入れることで、難易度を下げる。本活動の目的は、文字表記の違いに気付くことなので、同じイラストの表記で何が違うのかに注目させる。

③違いについて交流する
活動を行った後で、表記の違いに気付いた子供たちに、どんな決まりがあるのかを見付けさせる。〜ed が付く動詞が多いことや、同じ表記でも発音が違う read、文字の順が違う eat と ate など理解を深めていく。

Read はつづりが同じだね。

eat と ate は文字の順番が違うよ

発展型 学級の夏休みランキングを作ろう

活動の進め方

　本単元では、過去を表す表現を活用し、夏休みに行った場所や食べたもの、したことなどを友達と伝え合う活動がある。その活動をさらに発展させる。子供たちは、各自でテーマを一つ決め、「夏休みランキング」を作成する。テーマは、行った場所や食べたものなどである。学級の友達全員と交流し、交流して得た情報からランキングの作成を行う。子供たちは、何度も聞いたり、答えたりすることで、表現に慣れ親しんでいく。

1 夏休みランキングについて説明する

T ：Let's rank your summer vacation memories!
　　Talk with your friends about your summer vacation.
C ：OK!

2 ランキングのテーマを決める

T ：Choose a topic, please. Food or place.
C 1：みんなが何を食べたか知りたいな。
C 2：海に行った人が多そうだから、場所を聞いてみよう。

3 友達同士で交流する

C 1：What did you eat during summer vacation?
C 3：I ate a/some watermelon. It was good.
C 1：Me, too. I ate a/some watermelon.
C 4：I ate ice cream.
（別のグループで）
C 2：Where did you go during summer vacation?
C 5：I went to the sea. It was fun.

4 ランキング結果を確認する

C 1：These are the most popular summer foods! Watermelon is No.1. Ice cream is No. 2 .
C 2：アイスクリームが一位だと思っていたけど、違うんだね。
C 3：クラスの半分がスイカを食べたんだ！

活動を効果的に行うためのポイント

友達同士で交流を行う際に、時間を区切って行わせる。はじめに 5 分程度やり取りする時間を取り、その後に中間指導を行う。中間指導では、目標に沿って子供のよさを伝え、交流の質が高まるように工夫する。学級の実態に応じて、全員との交流が難しい場合は、一つのテーマを手分けして調べさせる。その後、同じテーマの友達と一緒に結果を集計し、ランキングの作成を行うのもよいだろう。

基本型 # カードを組み合わせて文を作ろう

活動の進め方

　動物・生き物の絵カードを使用する。カードは、単元内で使用するものを用意しておく。本活動では、I eat 〜. の文を基本として、I の部分と、〜の部分にあたるカードをランダムで選んでいく。選んだカードで文を作り、意味が成り立つかどうかを確認する。成り立たない場合は、カードの順番を入れ替えたり、どの動物・生き物であれば成り立つのかを考えたりする活動を行う。本活動を通して、I eat 〜. の語順への意識を高めていく。

活動を効果的に行うためのポイント

①カードの並べ替え活動
本活動は、語順への意識を高めるために行う。そのため、カードを並び替えることで、どんな意味になるのかに注目させながら、活動を進めていくことが大切である。

②活動のバリエーション
単調な活動になることを防ぐために、作った文を全体で声に出して確認したり、I の部分だけを選び、〜の部分に何が入ると文の意味が成り立つのか考えたりする活動を取り入れる。

③成り立たない語順に着目する
文を作った後に、「どうして成り立たないのか」を子供に考えさせ、説明させる。何が何を食べるのか、英語で表現するとどうなるのかを考え、説明させることで、子供自身で、語順の違いに気付けるようにする。

発展型 # お気に入りの動物・生き物を紹介しよう

活動の進め方

　単元を進めながら、本活動を行っていく。自分自身のお気に入りの動物・生き物について調べ学習を行い、ポスターなどにして紹介する。紹介する内容は、住んでいる場所、食べているものなどに加え、形や色、大きさなど既習の表現も扱う。紹介は、グループで行う。グループ以外の友達のポスターは、お互いに交換し読み合う。

1　お気に入りの動物について調べる

T　：What is your favorite animal?
C 1：I like sea turtles.
C 2：I like eagles.
T　：Where do your favorite animals live?
　　　お気に入りの動物・生き物について、調べて発表しましょう。

2　ポスターを作成する

T　：Where do they live? What do they eat? Let's make posters.
C 1：They live in the sea. They eat jellyfish.
　　　They can swim well.
C 2：They live in the forest. They eat bugs. They can fly fast.

3　グループで伝え合う

T　：Are you finished? Make a group of 4.
　　　Let's have a presentation time!
C 1：（グループ内で）They are sea turtles.
　　　They live in the sea.（ポスターの内容を伝える）
C 3：Oh, they eat jellyfish!
C 4：ウミガメってクラゲを食べるんだね。

4　友達のポスターを読み合う

T　：Let's read your friends' posters.

活動を効果的に行うためのポイント

　本活動では、調べ学習を行うため、その旨を事前に子供たちへ伝えておき、各自で調べる期間を十分に確保することが大切である。また、ポスターを作成する際に、これまで学習してきたアルファベットの文字の書き方を確認することで、書く活動の意識も高めることができる。グループで紹介を行う際には、「相手が分かりやすいように、相手に伝わるように紹介しよう」と声をかけることで、話し手の子供たちに相手意識をもたせる。

基本型 # 日本語から英語を考えよう

活動の進め方

　教科書 p.58「ことば探検」と組み合わせて行う。日本語から推測し、英語を考える活動である。教科書では、緑茶（green tea）や白米（white rice）などが記載されている。この活動では、それらに加え、スイカやゴーヤー、海ブドウ、サトウキビなどを扱う。まずは、緑茶や白米の絵を見せ、英語での表現を考える。そして、英語と日本語の言葉の作り方の共通点に気付き、その他の単語では、どうなるのかを考えていく。

活動を効果的に行うためのポイント

①子供同士のやり取り
クイズ的な活動であるため、一部の子供がすぐに答えてしまうと周りの子供がやる気を失うことが考えられる。そこで、考えたことをペアで紹介するなどして、子供同士のやり取りを取り入れる工夫を行う。

②日本語を工夫する
子供に英語での言い方を推測させる際に、視覚的に日本語の単語を二つに分けるなどして、子供が推測しやすくなるよう工夫することが大切である。

③身近な題材を使用する
子供に考えさせる複合語は、子供にとって身近な物にすることが大切である。例えば、地域で有名なもの（沖縄であれば、海ブドウなど）などを扱うことで、興味をもたせることができる。

発展型 給食の献立を調べよう

活動の進め方

　給食の献立表を使用し、材料や栄養バランスなどを考える活動である。本単元では、オリジナルカレーを紹介する活動を行うため、その活動の練習になる。また、子供が毎日食べる給食がどのように考えられ、作られているのかを考える機会にもなる。給食の献立表から自分のお気に入りの給食を選び、その給食の材料をいくつか英語で紹介する。産地などが分かるものに関しては、産地も伝える。

1 教師のお気に入り給食を聞く

T　：What is your favorite lunch menu?
　　　I like taco-rice. Pork is in the red group.
　　　Lettuce is in the green group. Rice is in the yellow group.
　　　It's a very good menu! Do you like taco-rice?
C 1：Yes, I like taco-rice.
T　：It's your turn. Please ask me!

2 ペアでお気に入りの給食を伝える

T　：Let's have a pair talk time!
C 1：I like *Miyako soba*. Pork is in the red group.
　　　小麦粉 is in the yellow group.
　　　ネギ is in the green group. It's delicious!
C 2：I like 揚げパン and minestrone. Bread is in the yellow group.
　　　Tomatoes are in the green group. Chicken is in the red group.

3 中間指導（分からない表現の確認）

T　：Do you have any questions?
C 1：ひき肉ってなんて言うの？How do you say ひき肉 in English?
T　：ひき肉って、どんなふうになっているかな。
C 2：肉が細かくしてある。
T　：なるほど。Chop してあるんだね。だから？
C 3：Chop meat?
T　：Close.
All：Chopped meat!

活動を効果的に行うためのポイント

> 子供にとって身近な給食を題材とする。子供たちに目的意識をもたせるために、「給食って栄養バランスはいいのかな」などと問いかけ、伝え合うための目的を明確にする。ペア活動の前に、全体の場で確認・練習してから始めるのではなく、教師の見本の後すぐに子供に活動させる。一度子供に困り感をもたせることで、知りたいという気持ちを高める。その後、中間指導を行っていく。

先生たちの思い出を聞こう

活動の進め方

　校内の先生方の小学校の思い出を聞く活動である。教師が事前に、校内の先生方に趣旨を伝えておく。まずは、学級担任の小学校の思い出を伝える。その後、子供が先生方に質問をしに行き、それぞれの思い出を聞く。英語で質問したり聞いたりすることで、本単元の使用表現に慣れ親しんでいく。直接聞くことが難しい場合には、映像を撮っておくなどして、工夫するとよいだろう。

活動を効果的に行うためのポイント

①事前に趣旨を共有する
本活動には、周囲の先生方の協力が必要である。そのため、事前に先生方に使用してほしい表現や活動の趣旨を明確に伝えておくことが重要になる。また、このようなことが高学年外国語についての全教員の理解の深まりにつながる。

②活動への意欲付け
子供たちに学級担任の思い出を聞かせた後で、「他の先生はどんな思い出があるのかな」と声をかけ、いろんな人の思い出を聞きたいと思いを高めてから活動に入る。

③映像で行う場合の工夫
映像を通して本活動を行う際には、映像を視聴させるだけではなく、途中で止めながら、思い出を予想させたり、理由を考えさせたりすることで、子供たちが思考を伴いながら、活動を行うことができる。

発展型

6 年間のアルバムを作ろう

活動の進め方

　本活動では、小学校 6 年間の思い出アルバムを作る。各学年での思い出を友達と伝え合う。そしてその内容を絵と文で表現する。子供の実態に合わせ、学年ごとで作るのか、枚数を決めるのかを考えるとよいだろう。それぞれ思い出を書いた後、冊子のようにまとめ、アルバムにする。完成したアルバムを友達と読み合い、感想を交流する。

1　各学年での思い出を伝え合う

T　: Let's make an album of your school days.
　　What is your best memory of 1 *nensei*?
　　How about 2 *nensei*? Let's talk to your friends!
C1 : My best memory is the sports day.
　　I enjoyed dancing.
C2 : My best memory is the field trip.
　　I went to the park. I enjoyed lunch time.

2　伝えた内容を絵と文で表現する

T　: Are you finished? Now let's write your memories and
　　 draw pictures.
C1 : OK!

3　アルバムを作る

T　: Let's make an album of your school days.
（学年ごとに書いたアルバムを一つにまとめる）

4　完成したアルバムを友達と読み合う

T　: Please show your album to your friends.
C2 : Oh, it was wonderful!
C3 : I remember it. We enjoyed the sports day.
C4 : It's a nice picture!
（完成したアルバムを一定期間教室内に掲示することで、全員が目を通せるようにしておく）

活動を効果的に行うためのポイント

本活動で作成したアルバムを卒業文集にまとめるという目的をもたせることで、子供たちが意欲的に取り組むようにする。1 時間で作成することは難しいため、計画的に進める必要がある。各時間の Small Talk を活用して、学年ごとの思い出を伝え合ったり、Let's Read and Write の時間や振り返りの後などに、時間を設定し、文や絵をかいたりして取り組んでいくとよいだろう。

基本型 職業マップを作ろう

活動の進め方

　自分の身の回りにある職業について考え、マップを作成する。地域の人、学校の周りにある職業などを調べ、英語で表現する。表現した内容をマップなどにまとめる活動を行う。まずはじめに、教師が学校の周辺にある職業についていくつか紹介を行う。その後、子供に「他にどんな職業があるのかな」と質問する。各職業の英語での表現は、ALT やデジタル教材を活用し、確認していく。職業の確認後、簡単な地図にそれぞれの職業カードを貼り付けていく。

活動を効果的に行うためのポイント

①知っている職業を質問する
本単元では、職業について学習する。そのため、事前に子供が知っている職業などを聞く活動を取り入れることで、本活動にスムーズに入っていけるようにしていく。

②答えを予想させる
職業の表現を確認する際に、すぐに聞かせたり、教えたりするのではなく、子供に推測させてから聞かせる。子供たちがその職業についてどう表現すればよいのかを考えることで、より思考を深めることができる。

③マップやカードの準備
事前に地域のマップと職業カードを準備しておくことで貼り付けるだけでマップが完成できるようにする。子供の実態に合わせて、英語を子供自身に書かせてもよいだろう。

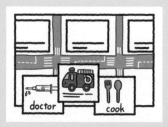

発展型 中学生にインタビューしよう

活動の進め方

　同じ地区の中学生に、中学校生活についてインタビューを行う。事前に中学校側と調整しておき、交流の時間を1時間確保することで、子供たちが聞きたいことを自由に聞ける環境づくりを行う。インタビューを行うことが難しい場合は、ビデオメッセージをお願いし、中学校生活について話を聞く活動にする。インタビューをして分かったことから、自分のやってみたいことを友達と伝え合う。

1　インタビューの内容を考える（事前活動）

T　：We are going to ask junior high school students about their school lives. Let's get ready for interviewing.
C1：どんなイベントがあるのかな？
C2：部活についても知りたいな。

楽しいことが聞きたいな。

2　インタビューを行う

T　：Let's ask them.
C1：What events do you have?
J1：We have a school trip to Kyushu.
C2：Really? It sounds fun!
C2：What clubs do you have?
J2：We have many clubs. Soccer, volleyball and more!

What event do you have?

3　インタビューから分かったことを確認する

T　：What did you learn from your interview?
C1：Yes, they have the school trip to Kyushu.
C2：They have a handball team.

I want to enjoy the school trip.

4　中学校生活でやりたいことを伝え合う

T　：What do you want to do in junior high school? Let's talk with your friend.
C1：I want to enjoy the school trip.
C2：I want to join the handball team.
C1：Me, too. I like handball.

活動を効果的に行うためのポイント

中学生との交流活動になるため、互いで活動の目的をきちんともつことが大切である。例として、小学生は「中学校生活について知りたいことを聞こう」、中学生は「小学生に中学校生活を伝えよう」などである。また、質問する内容だけに目を向けるのではなく、コミュニケーションをする際に、大切なポイント（Smile や Gesture など）も意識させたい。

編著者・執筆者一覧

[編著者]
直山　木綿子
文部科学省初等中等教育局視学官

京都府出身。京都市立中学校で勤務後、京都市総合教育センターカリキュラム開発支援センター指導主事、同指導室指導主事、京都市教育委員会学校指導課指導主事、文部科学省教育課程課教科調査官を経て、平成31年4月より現職。主な著書に『小学校外国語活動　イラストで見る　全単元・全時間の授業のすべて［5年・6年、全2巻］』（東洋館出版社）、『外国語活動の授業づくり』（文溪堂）、『なぜ、いま小学校で外国語を学ぶのか』（小学館）、『小学校外国語活動モデル事例集』（教育開発研究所）、『小学校外国語活動のツボ』（教育出版）など多数。現場時代の経験を踏まえた講演・授業が全国の小学校で人気を博し、大きな反響を呼んでいる。

[執筆者] ＊執筆順。所属は令和3年2月現在

		[執筆箇所]
直山　木綿子	（前出）	はじめに、外国語教育における授業のポイント
平良　優	沖縄県宮古島市立東小学校	Unit 1
新城　直人	沖縄県宮古島市立伊良部島小学校	Unit 2
佐藤　美智子	鳴門教育大学	Unit 3
泉澤　貴子	青森県八戸市立柏崎小学校	Check Your Steps 1
小向　佳奈子	青森県八戸市立根城小学校	Unit 4
川越　美和	高知県高知市立義務教育学校土佐山学舎	Unit 5
堀井　晴美	徳島県名西郡神領小学校	Unit 6
福田　優子	大分県佐伯市立上堅田小学校	Check Your Steps 2／Check Your Steps 3
坂田　美佳	徳島県鳴門市板東小学校	Unit 7
スコット　由起	東京都足立区教育委員会	Unit 8
下地　憲誠	沖縄県宮古島市立伊良部島小学校	巻末付録

『イラストで見る全単元・全時間の授業のすべて　外国語　小学校 6 年』
付録 DVD ビデオについて

・付録 DVD ビデオは、文部科学省初等中等教育局視学官による外国語活動・外国語科における解説動画が収録されています。

[DVD の内容構成]
1　新学習指導要領における外国語教育の在り方
2　外国語活動・外国語科の指導のポイント
3　教科書活用と Small Talk のアイデア（6 年）
4　外国語活動・外国語科の評価のポイント
5　小中連携のポイント

[使用上の注意点]
・DVD ビデオは映像と音声を高密度に記録したディスクです。DVD ビデオ対応のプレイヤーで再生してください。
・ご視聴の際は周りを明るくし、画面から離れてご覧ください。
・ディスクを持つときは、再生盤面に触れないようにし、傷や汚れ等を付けないようにしてください。
・使用後は、直射日光が当たる場所等、高温・多湿になる場所を避けて保管してください。

[著作権について]
・DVD ビデオに収録されている動画は、著作権法によって守られています。
・著作権法での例外規定を除き、無断で複製することは法律で禁じられています。
・DVD ビデオに収録されている動画は、営利目的であるか否かにかかわらず、第三者への譲渡、貸与、販売、頒布、インターネット上での公開等を禁じます。

[免責事項]
・この DVD の使用によって生じた損害、障害、被害、その他いかなる事態についても弊社は一切の責任を負いかねます。

[お問い合わせについて]
・この DVD に関するお問い合わせは、次のメールアドレスでのみ受け付けます。　tyk@toyokan.co.jp
・この DVD の破損や紛失に関わるサポートは行っておりません。
・DVD プレイヤーやパソコン等の操作方法については、各製造元にお問い合わせください。

イラストで見る　全単元・全時間の授業のすべて

外国語 小学校 6 年
~令和 2 年度全面実施学習指導要領対応~

2021(令和 3) 年 3 月 10 日　初版第 1 刷発行

編 著 者：直山　木綿子
発 行 者：錦織　圭之介
発 行 所：株式会社東洋館出版社
　　　　　〒113-0021　東京都文京区本駒込 5 丁目16番 7 号
　　　　　営 業 部　電話 03-3823-9206　FAX 03-3823-9208
　　　　　編 集 部　電話 03-3823-9207　FAX 03-3823-9209
　　　　　振　　替　00180-7-96823
　　　　　U　R　L　http://www.toyokan.co.jp

印刷・製本：藤原印刷株式会社

装丁デザイン：小口　翔平＋岩永　香穂（tobufune）
本文デザイン：藤原印刷株式会社
イラスト：こすげちえみ
DVD 制作：秋山　広光（ビジュアルツールコンサルティング）

ISBN978-4-491-04017-2　　　　　　　　　　　Printed in Japan